Claudio Baldo (Hrsg.)

Vitaliano

vegan,
italienisch,
lecker

EDITION
LEMPERTZ

Impressum

Math. Lempertz GmbH
Hauptstraße 354
53639 Königswinter
Tel.: 02223 / 90 00 36
Fax: 02223 / 90 00 38
info@edition-lempertz.de
www.edition-lempertz.de

Deutsche Ausgabe:

© 2014 Mathias Lempertz GmbH

Italienische Originalausgabe:
„Ricettario Vegano
etica e salute
La dieta del mille colori dell' arcobaleno"

Edizioni del Baldo
Via M.G. Agnesi, 49
37014 Castelnuovo del Garda – Verona
www.edizionidelbaldo.it
© Edizioni del Baldo 2012

Fotos: © fotolia: Francescodemarco 62; ArTo 63; Kitty 64,95;
Marzia Giacobbe 67,72; M.studio 68; Doris Heinrichs 70;
Maksim Shebeko 73; Heike Rau 74; HLPhoto 79; auryndrikson 83;
Gennaro Guarino 86; Giuseppe Porzani 87; MarcoBagnoli Elflaco 91;
Comugnero Silvana 92, 120, 130; Studio Gi 92; Natalia Mylova 93; effe45 99;
Oxana Afanasyeva 103; ppi09 106; illustrez-vous 109; denira 111;
ld1976 112;nupsik284 113; Mi.Ti.115; alain wacquier 115;gennaro coretti 116;
HandmadePictures 118, fahrwasser 121; Quanthem 123, rafer76 125;
Carmen Steiner 127

Text: Ulrike Raiser
Deutsche Übersetzung: Claudia Ronco
Illustrationen: Archivio Edizioni del Baldo
Druck: bonitasprint

ISBN: 978-3-943883-86-2

INHALTSVERZEICHNIS

Vertiefungen und Tipps

Da die heutige Gesellschaft bei der Ernährung meist Quantität gegenüber Qualität vorzieht, ist es kein Wunder, dass viele Menschen zunehmend gesundheitliche Probleme haben, die auf einen falschen Nahrungsmittelkonsum zurückzuführen sind. Unsere Welt wird immer hektischer, sie lässt wenig Raum für Freizeit und Momente, die man sich selbst und damit der Pflege von Körper und Seele widmet. Viele Menschen verbringen den größten Teil ihres Tages am Arbeitsplatz, verzehren mittags eine schnelle Mahlzeit, die oft aus einem Sandwich in einem Café besteht, und haben wenig Zeit zum Kochen. Daher ist heutzutage die Ernährung vieler vom ernährungswissenschaftlichen Standpunkt aus ungesund: Abgepackte Lebensmittel werden frischen vorgezogen, es wird nicht genügend Obst und Gemüse gegessen, Fast Food Restaurants und Kantinen werden fast täglich besucht. Aus diesen Gründen steigt in den Industrienationen die Zahl der Menschen mit Übergewicht oder körperlichen Beschwerden, auch schwerwiegender Natur, die durch schlechte Ernährung verursacht werden.

Andererseits gewinnen in letzter Zeit alternative Ernährungsstile an Popularität. Deren vorrangiges Ziel ist es, falsche Ernährungsgewohnheiten aufzugeben und damit der eigenen Gesundheit und der Qualität der verzehrten Nahrungsmittel größere Aufmerksamkeit zu schenken. Es gibt immer mehr Menschen, die eine vegetarische Ernährung wählen, also den Konsum von Fleisch und Fisch kategorisch aus ihrem Ernährungsplan streichen. Veganer gehen von ähnlichen Prämissen aus wie

Vegetarier, grenzen aber die verwendeten Nahrungsmittelgruppen noch weiter ein.

Solche Entscheidungen sind heute Anlass für erhitzte Debatten zwischen den Befürwortern einer fleischfreien Ernährung, die meinen, dadurch sowohl vom ethischen als auch vom gesundheitlichen Standpunkt aus besser zu leben, und ihren Gegnern, die eine solche Ernährung sowohl als unzureichend (weil sie nicht alle Nährstoffe enthalte, derer unser Organismus bedarf) als auch als wenig schmackhaft und monoton empfinden.

Dieses Buch ist aus dem Bedürfnis entstanden, einige Vorurteile im Hinblick auf alternative Ernährungsentscheidungen, insbesondere der veganen, auszuräumen, und zu zeigen, wie es möglich ist, auch ohne die Verwendung tierischer Nahrungsmittel leckere und nahrhafte Gerichte zuzubereiten.

DER VEGANISMUS

Vegetarische und vegane Ernährung

„Vegan" zu sein bedeutet nicht, „Vegetarier" zu sein; zwischen diesen Begriffen bestehen einige Unterschiede. Im Allgemeinen basiert eine vegetarische Ernährung auf dem Prinzip des Ausschlusses von Fleisch und Fisch; es gibt jedoch Varianten innerhalb dieser Ernährungsweise, die heute immer weiter verbreitet sind.

Der klassische Vegetarier zum Beispiel verwendet Nahrungsmittel, die von Tieren stammen, wie Eier, Milch und alle Milchprodukte, obwohl er Fleisch aus seinem Speiseplan ausschließt. Innerhalb der Gruppe der Vegetarier gibt es außer den **Ovo-Lacto-Vegetariern** auch die **Lacto-Vegetarier**, die Milch und Pflanzen, aber keine Eier konsumieren, und **Ovo-Vegetarier**, die Eier, aber keine Milch und Milchprodukte essen.

Es gibt auch „falsche Vegetarier", d.h. diejenigen, die sich als Vegetarier bezeichnen, weil sie Fleisch ausschließen, dabei aber trotzdem Fisch konsumieren, oder diejenigen, die einer **makrobiotischen Diät** folgen, oder Menschen, die nur gelegentlich auf den Konsum von Fleisch und Fisch verzichten und diese Einschränkung nicht befolgen, wenn sie ins Restaurant oder zum Essen bei Freunden gehen.

Veganer hingegen lehnen nicht nur aus ernährungstechnischen, sondern auch aus ethischen Gründen alles ab, was vom Tier stammt, sowohl im **Bereich der Ernährung** als auch in anderen Bereichen, wie z.B. bei **Kleidung**, **Gebrauchsgegenständen** und **Accessoires**, **Medikamenten**, **Kosmetika** und verschiedenen anderen Produkten. Einige Veganer haben noch striktere Ernährungsentscheidungen getroffen, so z.B. die **Granivoren** (die nur Getreide essen), die **Frutarier** (die nur Früchte essen) und die **Rohköstler** (die nur rohes Gemüse und rohe Früchte essen).

Vegetarier oder Veganer zu sein ist also nicht nur eine Entscheidung im Hinblick auf die Ernährung, sondern auf das Leben insgesamt. Es bedeutet, die Ausbeutung der Natur abzulehnen und eine biologische und ökologische Perspektive einzunehmen. Es ist auch der Versuch, die zahlreichen nahrungsbedingten Risikofaktoren für die Gesundheit zu vermeiden.

Ein wenig Geschichte

Die Bezeichnung „vegan" wurde 1944 von Donald Watson und Elsie Shrigley geprägt, die in London die **Vegan Society** gründeten, um einen innovativen, gesünderen und umweltfreundlicheren Lebensstil zu verbreiten.

Bevor er zum Veganismus überging, war Watson bereits ein überzeugter Vegetarier und hatte zusammen mit anderen, die seine Ideen teilten, schon seit Jahren an Debatten innerhalb der Vegetarierbewegung teilgenommen, in deren Mittelpunkt ethische Fragen im Hinblick auf den Verzehr von Produkten tierischer Herkunft wie Milch und Eier standen. 1944 entschloss sich Watson gegen den Widerstand bedeutender Persönlichkeiten innerhalb der Vegetarierbewegung, seine Ideen zu verbreiten und eine Vereinigung als Anlaufstelle für alle diejenigen zu gründen, die den Verzehr von Milchprodukten ablehnten. Watson organisierte daher eine Konferenz in London, an der einige seiner Anhänger teilnahmen. Im Verlauf dieser Konferenz wurde entschieden, eine neue Vereinigung zu gründen und dafür einen neuen Namen zu prägen, um sich von den Vegetariern abzugrenzen.

Im Programm der neu gegründeten Vereinigung führte Watson die wesentlichen Punkte des veganen Gedankens aus, die noch heute Leitsätze sind. Sie betreffen den Gewinn, den diese Art der Ernährung für ihre Anhänger, für die Tiere und für die Gesellschaft im Allgemeinen bedeuten kann. Gemäß dem Gründer der Vegan Society bedeutet vegan zu werden folgendes:

- Eine Lebensführung im Zeichen der **Gewaltlosigkeit**;
- **Respekt gegenüber der Natur**, die uns umgibt;
- **Gesünderes Leben** und damit die Vermeidung vieler ernährungsbedingter Gesundheitsprobleme;
- **Auflehnung gegen die Ausbeutung der Tiere**, ihre Leiden und ihre Tötung;
- **Schutz der Umwelt** vor Zerstörung und Verschmutzung;
- **Begrenzung der Zahl der Menschen**, **die** in der Welt **an Hunger leiden**.

Heute hat die Vegan Society eine große Zahl von Mitgliedern und verfügt über Filialen in vielen Ländern. Sie verfolgt das Ziel, den Veganismus zu verbreiten und diejenigen zu unterstützen, die sich bereits dafür entschieden haben. Sie versucht, durch die Veröffentlichung von Büchern, Zeitschriften und Videos und die Verbreitung einer Handelsmarke ihren Bekanntheitsgrad zu steigern und bietet zudem eine Beratung für Schulen, Ärzte, Ernährungsberater, Restaurantbesitzer und diejenigen, die mit der Etikettierung von Nahrungsprodukten befasst sind, an. Ihre Website ist: ***www.vegansociety.org***

Warum vegan sein?

Wer sich entscheidet, vegan zu leben, trifft eine genau definierte Lebensentscheidung, die nicht nur aus der Motivation, sich gesund zu ernähren, entsteht, sondern auch aus dem Willen, die Welt zu verbessern und zu einer Existenzform zurückzukehren, die die Natur mehr respektiert.

Tiere respektieren

Der primäre Grund, der einen Veganer dazu bewegt, eine solche Lebensentscheidung zu treffen, ist der Respekt vor Tieren. Sie werden als **Lebewesen** betrachtet, **die die gleichen Rechte wie Menschen** haben. Dazu zählt, frei zu leben und nicht unnötigem Leiden ausgesetzt zu werden. Aus diesem Grund essen Veganer keine Nahrungsmittel tierischer Herkunft wie Fleisch, Fisch, Honig, Propolis, Milch und Milchprodukte oder Eier; sie verwenden keine Kleidungsstücke, die Leder, Federn und Wolle enthalten; sie halten keine Tiere in Käfigen und lehnen Zoos, Aquarien, den Zirkus und jegliches Event ab, bei dem Tiere mitwirken. Sie verwenden keine Produkte oder Arzneimittel, die an Tieren getestet wurden oder tierische Produkte enthalten. Tiere haben ebenso wie Menschen Gefühle und sollten daher geschützt und nicht ausgebeutet werden, zumal diese Ausbeutung in den meisten Fällen nach langen Qualen mit dem Tod endet. Veganer lehnen daher die gängigsten Zuchtmethoden ab, wie z.B. die Massentierhaltung von Hühnern, die Tötung von Kälbern und ihre Trennung von ihren Müttern, nachdem die Kühe ausschließlich zur Steigerung der Milchproduktion geschwängert wurden sowie im Allgemeinen die Schlachtung von Tieren, deren Produktivität sinkt (und die daher sehr jung getötet werden, damit ihr Fleisch verwertet werden kann).

Veganer essen nicht nur keine Nahrungsmittel tierischer Herkunft wie Fleisch, Fisch, Eier, Honig und Milchprodukte, sondern lehnen es auch ab, Kleidungsstücke und Textilien, die aus Materialien tierischer Herkunft wie Daunen, Seide und Wolle hergestellt wurden, zu verwenden. Tiere werden oft zu genau diesem Zweck auf grausame Art und Weise gehalten und ausgebeutet, wodurch ihnen viel Leid zugefügt wird.

Das gleiche gilt für Fische, denn Fischzucht beutet die Tiere nicht nur aus, sondern schädigt auch die Meeresökosysteme, da sie die Ausbeutung der Meere und das Fangen von großen, zum Verzehr nicht geeigneten Fischen begünstigt, die dann zerkleinert als Futter verwendet werden. Die Umwelt wird dabei massiv geschädigt.

Einige Produkte werden gemieden, weil bei ihrer Fertigung die Tötung oder das Leid von Tieren in Kauf genommen wird, so z.B. tierischer Lab (der in vielen Käsesorten enthalten ist und aus den Mägen geschlachteter Kälber gewonnen wird), Honig, Gelee Royale, Propolis und Bienenwachs (Bienenköniginnen werden oft künstlich befruchtet, die Drohnen danach getötet). Zudem werden den Tieren oft Antibiotika verabreicht, die gesundheitsschädlich sind.

Was die Kleidung betrifft, verwenden Veganer synthetische Stoffe, die oft durch das Recyceln von anderen Materialien gewonnen werden (wie z.B. Fleece). Sie lehnen auch Leder als Unterprodukt der Fleisch- und

Milchindustrie ab (die Tiere werden getötet und ihre Haut wird verwendet, um Kleider, Schuhe, etc. zu produzieren).

Sie meiden Wolle, da Schafe in der Zucht unter schlechten Bedingungen leben. Viele sterben bereits in den ersten Lebenswochen. Schafböcke werden ohne Anästhesie kastriert und das Scheren erweist sich oft nicht, wie viele glauben könnten, als friedlicher Vorgang, sondern als dramatische Folter.

Veganer verwenden keine Daunenjacken, weil die Gänse ohne Anästhesie gerupft und dann nach kurzer Zeit umgebracht werden, manchmal, nachdem sie eine Zeit lang einer Zwangsernährung unterzogen wurden, um Gänseleberpastete zu produzieren.

Schließlich kaufen Veganer auch keine Kleidung aus Seide, da sehr viele Seidenraupen auf grausame Weise getötet werden, um eine kleine Menge Seide herzustellen.

Veganer lehnen auch die Verwendung von Kosmetika und Reinigungsmitteln ab, die an Tieren getestet wurden; was sich oftmals als fast unmöglich durchzuführen herausstellt, da alle Produkte, die chemische Substanzen beinhalten, nach gesetzlicher Bestimmung einigen allgemeinen Tests an Tieren unterzogen werden. Auch bei Produkten mit der Aufschrift „Das Endprodukt wurde nicht an Tieren getestet" kann man nicht ausschließen, dass ihm entsprechende Experimente zugrunde liegen.

Liebe zur Umwelt

Veganismus ist ein Lebensstil, der auch das Ziel hat, der Umwelt zu helfen, insbesondere in einer Zeit, in der nur wenige umweltbewusst leben. So sind Veganer davon überzeugt, dass die Massentierhaltung antiökologisch und ein Hauptverursacher der Zerstörung unseres Planeten sei, da sie Treibhausgase produziert: Die Massentierhaltung beschleunigt die Entwaldung, da immer neue Weideflächen bereitgestellt werden müssen, und verbraucht Energie in Form von fossilen Brennstoffen. Des Weiteren kommen Pestizide und Dünger zum Einsatz, die der Umwelt schaden und die Gewässer verunreinigen. Auf der Grundlage dieser Argumente vertreten Veganer den Standpunkt, dass sie sehr viel weniger Erdfläche bedürfen, um satt zu werden, als die Nichtveganer, die der Umwelt folglich in höherem Maße schaden. Zum Beweis hierfür reicht es aus, an den Amazonas-Regenwald zu denken, in dem beinahe 90% der entwaldeten Flächen in Weidegebiet umgewandelt wurden, oder an die Tatsache, dass es ca. 200 ml Erdöl bedarf, um 1 kg Fleisch zu produzieren. Die Massentierhaltung verschmutzt die Umwelt auch durch Tierexkremente, da diese den Tieren verabreichte Schwermetalle – wie Zink und Kupfer – sowie Überreste von Medikamenten enthalten. Diese Substanzen lagern sich dann in erhöhten Mengen im Boden ab, wodurch das Grundwasser verseucht wird.

Solidarisch sein

Enorme Mengen an Pflanzenfutter werden verwendet, um die Tiere bis zu dem Zeitpunkt zu ernähren, an dem sie geschlachtet werden oder anfangen, hochproduktiv zu werden. Insgesamt betrachtet produzieren

die so aufgezogenen Tiere weniger, als sie konsumieren. Nach Ansicht der Veganer würde sich die Zahl der unterernährten Menschen auf der Welt verringern, wenn diese Nahrungsmittel statt als Futtermittel für die Ernährung von Menschen verwendet würden. Durch den Verzicht auf den Konsum von Fleisch und tierischen Produkten könnte man das Nord-Süd-Gefälle auf der Welt verringern: Wenn mehr Pflanzen angebaut würden, hätte man mehr Nahrungsmittelressourcen, um den Bedarf der gesamten Weltbevölkerung zu decken.

Bedeutung für die Gesundheit

Außer ethischen Faktoren ziehen Veganer auch Gesundheitsargumente heran, um die Wirksamkeit ihres Lebensstils zu unterstreichen. Sie vertreten den Standpunkt, dass Menschen, die auf den Verzehr von Fleisch und tierischen Produkten verzichten, keine gesundheitlichen Probleme haben, wenn ihre Ernährung richtig ausbalanciert ist. Von diesem Standpunkt aus ist Fleisch eine der Hauptursachen für schwerwiegende gesundheitliche Probleme, u.a. einige Herz- und Krebserkrankungen. Durch den Verzicht auf Fleisch lebt man demzufolge gesünder und länger.

Tierische Produkte können leicht durch andere Nahrungsmittel ersetzt werden, die gleichfalls die richtige Dosis an für den Menschen wichtigen Nährstoffen enthalten. Aus diesem Grund kann die vegane Ernährung von jedem, auch von Kindern, problemlos befolgt werden. Dieser Gesichtspunkt ist besonders wichtig, aber auch umstritten, da die Gegner der veganen Ernährung den Standpunkt vertreten, dass diese insbesondere für Kinder nicht ausgewogen sei.

DIE GRUNDLEGENDEN NÄHRSTOFFE

Nahrungsmittel setzen sich aus grundlegenden Substanzen zusammen, die als Nährstoffe bezeichnet werden und in verschiedene Kategorien unterteilt werden können. Ausgehend von dem Nährstoff, der den höchsten prozentualen Anteil aufweist, werden Lebensmittel in verschiedene Gruppen unterteilt.

Kohlenhydrate (oder Saccharide)

Kohlenhydrate, auch als Saccharide bezeichnet, stellen den Grundbestandteil einer jeden Ernährung dar, da sie bis zu 60 % der Gesamtkalorien liefern und die Hauptenergiequelle des Menschen sind. Sie werden in Einfach- und Mehrfachzucker unterteilt.

■ **Einfachzucker** werden schnell vom Körper assimiliert, aber auch schnell aufgebraucht.

■ **Mehrfachzucker** liefern die Energie langsamer, dafür aber über einen längeren Zeitraum, da sie, bevor sie aufgenommen werden, in Einfachzucker verwandelt werden.

Kohlenhydrate in den Nahrungsmitteln

MEHRFACH-ZUCKER		
	Stärke	*in Getreide, Hülsenfrüchten, Wurzelknollen enthalten*
	Glykogen	*in den Muskeln und in der Leber enthalten*

EINFACH-ZUCKER		
	Glukose	*im Blut enthalten*
	Laktose	*in Milch enthalten*
	Fruktose	*im Obst enthalten*
	Saccharose	*Haushaltszucker*

■ Im Übermaß verzehrte Kohlenhydrate finden keine Verwendung und werden in **Lipide** umgewandelt.

Kohlenhydrate sind vor allem in **Pflanzen** vorhanden. Viele Einfachzucker werden über Industrieprodukte wie Bonbons, Kekse, Eis und Süßigkeiten aufgenommen. Wer zu viel Einfachzucker und wenig Mehrfachzucker verzehrt, erhöht sein Krankheitsrisiko, z.B. für Adipositas, Diabetes und kardiovaskuläre Störungen.

Proteine in den Nahrungsmitteln

PFLANZLICHE PROTEINE		
	Getreide und Hülsenfrüchte	*Kräcker*
	Trockenobst	*alle Mehlsorten*
	Brot	*Kartoffeln*
	Pasta und Reis	*Kekse, Süßigkeiten, Kakao*
	Zwieback	*alle Gemüsesorten*
	Grissini	

TIERISCHE PROTEINE		
	Fleisch	*Milch und Milchprodukte*
	Fisch	*Eier*

Proteine (oder Eiweiße)

Proteine (auch Eiweiße genannt) **bilden die Struktur unseres Körpers**. Sie bilden und erneuern das Gewebe des Organismus. Jedes Protein besteht aus **Aminosäuren**, von denen 8 essentiell, also lebensnotwendig, sind, d.h. sie kommen in der Natur vor und können vom menschlichen Organismus nicht produziert werden; daher müssen sie ihm über die Nahrung zugeführt werden. Die anderen 12 werden dagegen unter Umwandlung anderer Aminosäuren vom Körper produziert.
Proteine werden in pflanzliche und tierische Proteine unterteilt, je nachdem, in welchen Nahrungsmitteln sie enthalten sind.

■ Proteine **tierischer Herkunft** enthalten **essentielle Aminosäuren** und werden daher als biologisch sehr wertvoll erachtet.

■ Proteine **pflanzlicher Herkunft** enthalten in ihrer Gesamtheit alle Aminosäuren. Einem einzelnen Protein können aber eine oder mehrere Aminosäuren fehlen.

Die Ernährungsweise in den westlichen Ländern ist oft unausgewogen, da zu viele tierische Eiweiße verzehrt werden.

Lipide

Lipide, gewöhnlich als **Fette** bezeichnet, sind die kalorienreichsten Nährstoffe (1 g Fett enthält 9 Kalorien, während 1 g Kohlenhydrate und Pro-

Fette in den Nahrungsmitteln

PFLANZLICHE FETTE		
Olivenöl	Erdnussöl
Maisöl	Palmöl
Sonnenblumenöl	Kokosöl

TIERISCHE FETTE		
Speck	Eier
Schmalz	Würste
Butter	Fleisch
Käse	

teine nur 4 Kalorien enthalten). Cholesterin zählt auch zu den Lipiden, es ist ein Fett, das sich nur in Nahrungsmitteln tierischer Herkunft befindet und keinen wesentlichen Nährstoff darstellt, da der Organismus die für ihn notwendige Menge selber herstellen kann. Ein Überschuss an Cholesterin verursacht dagegen einige schwerwiegende Erkrankungen, u.a. die Arteriosklerose.

■ Tierische Nahrungsmittel sind reich an **gesättigten Fettsäuren**, die den Cholesterinspiegel im Blut erhöhen, wenn zu viel von ihnen konsumiert wird.

■ Pflanzliche Nahrungsmittel enthalten dagegen vornehmlich **einfach und mehrfach ungesättigte Fettsäuren**, die für den Organismus nicht schädlich sind. Ausnahmen bilden Palm- und Kokosöl, die auch reich an gesättigten Fettsäuren sind.

Mineralien in den Nahrungsmitteln

Kalzium	in Milch und Milchprodukten, grünem Gemüse, Hülsenfrüchten, Getreide	**MENGENELEMENTE**
Phosphor	in Milch, Fleisch, Fisch, Eiern, Leber, Getreide, Gemüse	
Magnesium	in Getreide, Hülsenfrüchten, Mandeln, Nüssen	
Kalium	enthalten in allen Nahrungsmitteln, besonders in Getreide, Gemüse und Fleisch	
Natrium	ist zusammen mit Chlor Bestandteil von Küchensalz	
Chlor	ist zusammen mit Natrium Bestandteil von Küchensalz	
Schwefel	in Fleisch, Fisch, Milch und Milchprodukten, Hülsenfrüchten, Getreide	

Eisen	in Fleisch, Leber, Eiern, Hülsenfrüchten, Getreide, Gemüse	**SPURENELEMENTE**
Jod	im Meersalz, Fisch und Meeresfrüchten, Getreide, Eiern	
Zink	in Fleisch, Eiern, Hülsenfrüchten, Getreide	
Kupfer	in Krustentieren, Nüssen, Leber, Hülsenfrüchten und Schokolade	
Magnesium	im Meersalz, Fisch und Meeresfrüchten, in Gemüse und Eiern	
Selen	in Nahrungsmitteln, die aus dem Meer stammen, Innereien, Kartoffeln mit Selen	
Chrom	in Hefe, Leber, Fleisch, Vollkornbrot, Roter Beete, Käse, Pilzen	
Flor	in Tee, Fleisch, Getreide, Obst, Fisch	

Mineralien

Mineralien haben eine vielfältige Funktion im Organismus, sie sind Regulatoren wie die **Vitamine**, sie sind an der Bildung von Knochen und Zähnen beteiligt. Sie kontrollieren die Muskelspannung und sind notwendig für das Nervensystem.

Je nach der im Organismus enthaltenen Menge lassen sich die Mineralien in zwei Kategorien gliedern.

- **Mengen- oder Makroelemente**, die im Organismus in großen Mengen enthalten sind.
- **Spuren- oder Mikroelemente**, die in geringfügigen Mengen im Organismus enthalten sind.

In pflanzlichen Nahrungsmitteln finden sich gewöhnlich ausreichende Mengen von Mineralien, auch wenn dies von der Art des Geländes, auf denen sie angebaut werden, und den Techniken der industriellen Verarbeitung abhängt. So reduziert z.B. Kochen den Mineralien- und Vitamingehalt der Nahrung. Durch eine abwechslungsreiche Ernährung kann man den Bedarf an Mineralien decken; bei manchen von ihnen, wie Kalzium und Eisen, kann es jedoch leicht zu Mangelerscheinungen kommen.

Vitamine

Vitamine liefern dem Organismus keine Energie, sind jedoch grundlegend für sein korrektes Funktionieren und regulieren seine biochemischen Funktionen. Mit Ausnahme von Vitamin D müssen alle Vitamine mit der Nahrung aufgenommen werden, da unser Körper nicht in der Lage ist, sie selbständig herzustellen. Alle Vitamine können über pflanzliche Nahrungsmittel aufgenommen werden. Eine Ausnahme bildet Vitamin B12, das sich nur in Produkten tierischer Herkunft befindet. Vitamine lassen sich in zwei große Gruppen unterteilen, die wasser- und die fettlöslichen Vitamine.

- Wasserlösliche Vitamine lösen sich im Wasser auf, können nicht im Körper gespeichert werden und müssen daher täglich aufgenommen werden.

- Fettlösliche Vitamine lösen sich hingegen in Fetten auf, werden mit fettreichen Lebensmitteln aufgenommen und in der Leber gespeichert.

Vitamine sind sowohl in pflanzlichen als auch in tierischen Lebensmitteln vorhanden. Um eine ausreichende Vitaminzufuhr zu gewährleisten, ist eine ausgewogene Ernährung wichtig. Der Vitamingehalt von Nahrungs-

Vitamine in den Nahrungsmittel

WASSERLÖSLICHE VITAMINE		
C	Biotin	
B Gruppe	Folsäure	
PP		

FETTLÖSLICHE VITAMINE		
A	K	
D	F	
E		

mitteln variiert und hängt von vielen Faktoren ab: zum Beispiel von der Art des Bodens, auf dem Obst und Gemüse angebaut werden oder auf dem das Vieh weidet, der Futterart, die bei der Tierhaltung verwendet wird, dem Reifegrad der Nahrungsmittel bei ihrer Ernte, der Zeitspanne, die zwischen Ernte und Essenszubereitung vergeht, der Konservierungsart der Nahrungsmittel sowie den Kochmethoden und -zeiten.

Sekundäre Pflanzenstoffe

Sekundäre Pflanzenstoffe, auch phytochemische Substanzen genannt, sind chemische Zusammensetzungen in Pflanzen, die ihnen Far-

be, Geschmack, Duft und Struktur verleihen. Sie haben sich im Zuge der Evolution der Pflanzen auf natürliche Weise entwickelt und weisen keine Nahrungsfunktionen auf, sind jedoch aus verschiedenen Gründen sehr wichtig für unseren Organismus. So potenzieren sie zum Beispiel die Synthese und Aktivität von Enzymen, die an der Blockierung von Karzinogenen und der Unterdrückung des Wachstums von bösartigen Tumorzellen beteiligt sind und die Prozesse unterbinden, die den mit Arteriosklerose in Verbindung stehenden Krankheiten zugrunde liegen.

Sekundäre Pflanzenstoffe kommen vor allem in Nahrungsmitteln wie **Getreide, Hülsenfrüchten, Gemüse, Obst und Gewürzen** vor.

Ballaststoffe

Ballaststoffe sind die **Zucker**, aus denen die Zellwände der Pflanzen bestehen, daher kommen sie in Nahrungsmitteln tierischer Herkunft nicht vor.

Der Mensch verfügt nicht über die Enzyme und Bakterien, derer es bedarf, um sie zu verdauen. Ballaststoffe liefern dem Körper weder Nahrung noch Kalorien, haben aber dennoch eine wichtige Funktion: Sie absorbieren z.B. Flüssigkeiten und andere im Darm befindliche Substanzen, wodurch sie eine positive Wirkung auf den ganzen Körper haben. Zudem beleben sie die Darmflora, was u.a. für das Immunsystem von grundlegender Bedeutung ist.

Ballaststoffe werden in lösliche und nicht lösliche Ballaststoffe unterteilt.

■ Die **löslichen Ballaststoffe** verleihen ein Sättigungsgefühl, zudem verringern sie die Aufnahme von Kohlenhydraten, Fetten und Mineralien. Sie kommen in Obst, Gemüse und in Hülsenfrüchten vor.

■ Die **nicht löslichen Ballaststoffe** regulieren die Darmaktivität. Sie sind in Vollwertgetreide, Obst und Gemüse enthalten.

ALTERNATIVE NAHRUNGSMITTEL

Auf den ersten Blick scheint eine vegane Ernährung, die den Verzehr einiger Lebensmittel, an die wir gewöhnt sind, nicht erlaubt, schwierig zu sein. In Wirklichkeit gibt es heute jedoch im Handel alternative Nahrungsmittel, die einfach erhältlich sind und die Entscheidung, vegan zu leben, erleichtern. Im Allgemeinen muss die vegane Ernährung den gleichen Regeln folgen, die auch für andere Ernährungsformen gelten, allen voran die der abwechslungsreichen Ernährung (um Mangelerscheinungen zu vermeiden, ist es besser, nicht immer die gleichen Gerichte zu sich zu nehmen) und die der Qualität (die Wahl von Lebensmitteln aus biologischem Anbau ist vorzuziehen).

Wer sich für eine vegane Ernährung entscheidet, muss zudem der Wahl seiner Nahrungsmittel besondere Aufmerksamkeit schenken, nicht nur aus Gründen des Geschmacks, sondern vor allem um Nahrungsmittel tierischer Herkunft auszuschließen. Aus diesem Grund haben sich viele Anhänger des Veganismus Produkten östlicher Abstammung, wie Soja, zugewandt, der heute auch bei uns im Westen immer verbreiteter ist.

Soja und Sojaprodukte

Soja ist heute auch in der westlichen Küche sehr verbreitet. Sojaprodukte stellen eine gute Alternative zu Nahrungsmitteln tierischer Herkunft dar. Unter Soja versteht man im Allgemeinen ein Produkt, das durch die Verarbeitung der gelben Bohnen der Sojapflanze entsteht. Es ist reich an Proteinen, Mineralien, Vitaminen und Fetten.

Es existieren verschiedene Sojasorten:
- **Rote** Sojabohnen sind harntreibend und stärken die Nierentätigkeit;

Soja

- **Gelbe** Sojabohnen helfen bei Problemen mit Untergewicht;
- **Schwarze** Sojabohnen helfen bei Husten und Atemproblemen und verbessern die Funktionen der Fortpflanzungsorgane.

Heute kann man im Handel, auch in Supermärkten, Soja naturbelassen, mit verschiedenen Geschmäckern aromatisiert, mit Vitaminen und Mineralien angereichert und auch in Form von Milch, Jogurt, Butter und Sahne finden.

Sojamilch

Natürlich ist der Geschmack der Sojamilch anders als der der pasteurisierten Kuhmilch und daher etwas gewöhnungsbedürftig. Man kann sie für alle Nahrungsmittelzubereitungen, für die man Kuhmilch nutzen würde, oder auch einfach als Getränk verwenden, es ist zudem auch möglich, sie zuhause selber herzustellen (siehe Kästchen S.31). Sojasahne existiert als gebrauchsfertige Sprühsahne sowie in frischer, flüssiger Form. Bevor man Sojaprodukte kauft, ist es besser zu kontrollieren, dass die Soja aus biologischem Anbau stammt, um genetisch modifizierte Soja zu vermeiden.

Tofu

Tofu ist eine lockere Masse, die man durch einen der Käserei ähnlichen Vorgang erhält, indem man die Sojamilch säuern lässt und dann in Formen presst; er enthält viel Eiweiß, Vitamine, Eisen, Kalzium und andere Mineralien. Er hat einen geringen Eigengeschmack und absorbiert den Geschmack der Zutaten, mit denen man ihn mariniert und zubereitet. Aus diesem Grund wird er gerne mit geschmacksintensiveren Zutaten wie Kräutern oder Gewürzen kombiniert. Er ist auch für Kinder und Senioren problemlos geeignet, da er leicht verdaulich ist.

Im Handel ist er weiß (so kann man ihn als Ei-Ersatz verwenden), geräuchert oder aromatisiert erhältlich. Er wird zur Zubereitung sowohl süßer als auch salziger Gerichte verwendet. So kann er z.B. als Ersatz für Ricotta in dünne Scheiben geschnitten zusammen mit Gemüse oder anderen Lebensmitteln als Brotaufschnitt, in kochendem Öl frittiert, verquirlt, mit verschiedenen Aromen mariniert und im Ofen gebacken werden. Ebenso kann er, wenn er weich ist, in Saucen, Frappés und Cremes für Torten und Desserts zum Einsatz kommen.

Tempeh

Tempeh erhält man aus gegärten gelben Sojabohnen. Er ähnelt Tofu, besitzt aber vom ernährungswissenschaftlichen Standpunkt aus andere Eigenschaften und entsteht durch einen anderen Verarbeitungsprozess. Sowohl Tempeh als auch Tofu sind Lebensmittel, die sehr viel leichter verdaulich sind als Sojabohnen. Tempeh ist reich an Proteinen und Vitaminen und enthält wenig Fett.

Dieses Produkt wird als **Fleischersatz** verwendet und in verschiedenen Varianten verkauft (zum Beispiel bereits fertig zum Anbraten), meist in Scheiben abgepackt. Er kann auf viele verschiedene Weisen zubereitet werden (mariniert, gegrillt, im Ofen gebacken oder in der Pfanne gebraten).

Pflanzliche Hamburger

Die pflanzlichen Hamburger, die man auch in den Gefriertruhen im Supermarkt finden kann, enthalten **verschiedene Zutaten** wie Eiweiße aus texturiertem Soja, Seitan, Reis, anderem Getreide und Gemüse. Da dies ein Produkt ist, das auch von Vegetariern viel konsumiert wird, fügen viele Marken auch Eier und Käse hinzu, daher empfiehlt es sich, vor dem Kauf aufmerksam das Etikett zu le-

sen. Sie werden genau wie Hamburger zubereitet (im Mikrowellenherd, im Ofen oder gegrillt) und können mit Gemüse, Brot oder Getreideprodukten serviert und auch als Belag für Brote verwendet werden.

Nattō

Nattō ist ein in Japan viel verwendetes Nahrungsmittel, das aus gegärten gelben Sojabohnen hergestellt wird. Es wird für die Zubereitung von Suppen und Salaten verwendet oder nach einem schnellen Garen in der Pfanne unter Hinzufügung von Öl und Sojasauce verzehrt. Aufgrund seiner guten Bekömmlichkeit kann es auch von Kindern und Senioren problemlos verzehrt werden. Es ist reich an Proteinen, Kalzium und Eisen und ist bei Verdauungsbeschwerden nützlich.

Texturierte Pflanzenproteine

Texturierte Pflanzenproteine sind ein proteinreiches Produkt, das aus dehydrierter Soja gewonnen und als Granulat oder in einer Form verkauft wird, die Frikadellen oder Gehacktem ähnelt.

Texturierte Pflanzenproteine werden trocken verkauft, daher müssen sie vor der Verwendung einige Minuten in Gemüsebrühe gekocht und dann ausgedrückt werden. Nach dem Aufquellen können sie **anstelle von Fleisch** wie Hackfleisch für pflanzliche „Schnitzel", für Ragout, Pasteten, Tacos, Chili und vegetarische Saucen verwendet werden. Dieses Produkt ist eine exzellente Quelle an Proteinen, Eisen, Zink und Ballaststoffen.

Getreide und Getreideprodukte

Seitan

Seitan ist ein guter Fleischersatz (auch dank seines Eiweißgehalts) und wird aus Gluten, einem in Weizen enthaltenem Eiweiß, gewonnen. Proteine im Seitan enthalten geschwefelte Aminosäuren, die den Organismus säuern und Kalziumverlust in den Knochen hervorrufen – aus diesem Grund sollte er nicht häufiger als 2-3 mal in der Woche verzehrt werden.

Im Handel ist er sowohl in getrockneter als auch vorgekochter Form zu finden. Geknetet und gekocht kann er auf ähnliche Weise wie Fleisch verwendet werden, um Ragouts, Frikadellen, „Schnitzel" und Spieße zuzubereiten. Er wird in verschiedenen Zubereitungen verkauft: am Stück, als Gehacktes, als „Würstchen", in Scheiben, geräuchert oder mit Kräutern aromatisiert. Seitan kann auch naturbelassen verzehrt oder in der Pfanne gebraten werden und hat einen sehr angenehmen, neutralen Geschmack, dadurch nimmt er zudem gut den Geschmack der Würzstoffe an, mit denen man ihn zubereitet.

Muscolo di Grano

Muscolo di Grano ist eine italienische Er-findung. Dabei handelt es sich um ei-ne Variante des Seitans, bei der dem Teig ein Mehl aus Hülsenfrüchten hin-zugefügt wird. Auch dieses Produkt kann für Ragout verwendet werden, als Aufschnitt oder zum Braten von kleinen „Steaks". Er wird bereits fertig in verschiedenen Formen und mit ver-schiedenen Geschmäckern verkauft. In Deutschland ist er am besten über das Internet erhältlich.

Eigenschaften und Verwendung von Getreide

Zusätzlich zu den Nahrungsmitteln, die als Fleischersatz betrachtet wer-den, müssen Veganer auch alle Getreidesorten in ihren Speiseplan auf-nehmen, um eine ausgeglichene Ernährung zu gewährleisten.

■ **Hafer**: reich an Fetten, Eiweißen, Eisen, Kalzium; ist besonders em-pfehlenswert für stillende Mütter und sportlich Aktive. Er regt zudem die Schilddrüsenaktivität und die Nierenfunktion an.

■ **Bulgur**: besteht aus Hartweizenvollkorn, der in kleine Stücke zer-hackt, gekocht und dann getrocknet wird. Er wird verwendet, um Sala-te zuzubereiten oder zusammen mit gekochtem Gemüse gereicht.

Getreidesorten für die Ernährung

Dinkel

Buchweizen

Mais

Weizen

Kamut

Hafer

Hirse

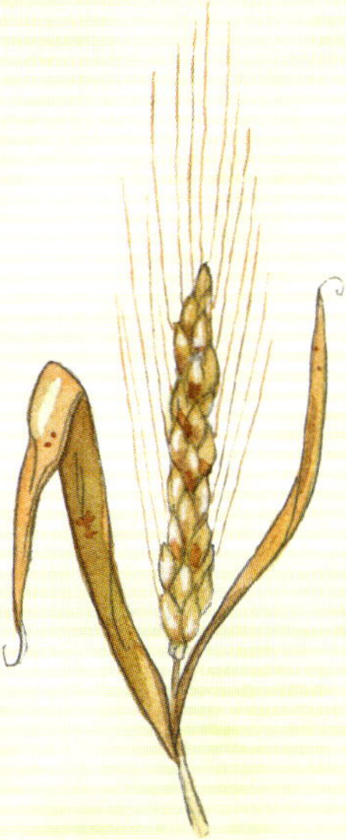

Gerste

Reis

Roggen

Quinoa

Mohrenhirse

■ **Couscous**: besteht aus kleinen gelben Körnern aus vorgekochtem Hartweizengrieß und wird zu Gemüse gereicht oder zur Zubereitung von Salaten verwendet. Wie Bulgur ist auch er sehr leicht verdaulich.

■ **Dinkel**: ist die älteste Getreidesorte, die heute noch angebaut wird, ausgezeichnet, um die Leberaktivität zu unterstützen und um Verstopfungsprobleme zu beheben.

■ **Weizen**: ist das am häufigsten verwendete Getreide. Es wird auch zur Herstellung von Pasta verwendet; wie der Dinkel ist er nützlich, um die Leberfunktion zu verbessern.

■ **Buchweizen**: ist ein wichtiges Lebensmittel, da er viel Energie liefert und glutenfrei ist; zudem stärkt er die Nieren, den Darm und die Kapillaren.

■ **Kamut**: ist reich an Proteinen und Fetten und leichter zu verdauen als Weizen.

■ **Mais**: ist glutenfrei, stärkt die Schilddrüsenfunktion, unterstützt das Herz und hat eine beruhigende Wirkung.

■ **Hirse**: ist wie Mais glutenfrei, enthält viele Mineralien, Vitamin A, Eisen, Magnesium und Phosphor; ihr Gebrauch wird vor allem Menschen empfohlen, die Probleme mit Bauchspeicheldrüse, Magen und Milz haben.

■ **Gerste**: ist ein sehr nahrhaftes Lebensmittel, das u.a. hilft, die Haut zu reinigen. Sie ist sehr bekömmlich.

■ **Quinoa**: enthält Ballaststoffe, Phosphor, Magnesium, Eisen, Zink, Proteine, ungesättigte Fettsäuren und ist glutenfrei.

■ **Reis**: enthält Kohlenhydrate, Proteine und Lipide; Vollkornreis ist nützlich bei Darm- und Lungenerkrankungen.

Selbstgemachte Milchalternativen

Es ist nicht schwierig, selbst Alternativen zur Kuhmilch herzustellen. Hier die Vorgehensweise:

■ **Reismilch**: Einen Teil Reis mit 10 Teilen Wasser in einem Dampfkochtopf ca. 2 Stunden auf kleiner Flamme kochen lassen; das Ganze durch ein Tuch oder Sieb filtern.

■ **Hafermilch**: Um Hafermilch selbst zuzubereiten, ist es notwendig, einen Teil Hafermehl (der zuvor in Wasser eingeweicht wurde) in 2 Teilen Wasser ungefähr 2 Stunden lang in einem Dampfkochtopf kochen zu lassen, danach wird das Ganze durch ein Tuch oder ein Sieb gefiltert.

■ **Mandelmilch**: Die geschälten Mandeln eine Nacht einweichen lassen, dann abgießen und zusammen mit wenig Wasser mit einem Pürierstab pürieren, bis sich eine weiße, dicke Flüssigkeit ergibt. 3 Teile heißes Wasser hinzufügen und einige Stunden einwirken lassen. Zum Abschluss alles durch ein Sieb filtern.

■ **Sojamilch**: Gelbe Sojabohnen abspülen und 24 Stunden lang in reichlich kaltem Wasser einweichen lassen, dann erneut abspülen und abgießen. Die Bohnen mit 3 Teilen Wasser pürieren, bis man eine dickflüssige Substanz erhält, diese dann auf kleiner Flamme ca. 20 Minuten kochen lassen, dabei ab und zu umrühren. Das Ganze durch ein Tuch oder Sieb filtern.

■ **Roggen**: ist eine der seit der Antike am meisten verbreiteten Getreidesorten. Er hilft, das Blut zu verflüssigen, das Gewebe zu kräftigen und stärkt die Muskelfunktion.

Alternativen zu tierischer Milch

Reismilch

Reismilch, reich an Einfachzuckern, liefert sofort verfügbare Energie und ist die fettärmste Milch. Die im Handel erhältliche enthält oftmals allerdings zusätzliche Öle, meistens Sonnenblumenöl. Es ist daher empfehlenswert, auf dem Etikett zu kontrollieren, ob es sich um kalt-gepresstes Sonnenblumenöl aus biologischem Anbau handelt.

Hafermilch
Diese Milchsorte ist eine gute Alternative für Menschen, die Probleme mit Arteriosklerose haben, da Hafer das Cholesterin LDL reduziert. Ha-fermilch ist kalorien- und fettarm.

Mandelmilch
Diese Milchsorte weist einen charakteristischen Geschmack auf und wird aus Mandeln hergestellt, die reich an mehrfach ungesättigten Fettsäuren, Antioxidantien und Kalzium sind.

Sojamilch
Sojamilch ist in China und Japan weit verbreitet und stellt eine gute Al-ternative zur Milch tierischer Herkunft dar (siehe S.24).

Algen

Algen sind eine optimale Quelle für Jod, Eisen, Kalzium, Magnesium, Kalium und Omega-3 Fettsäuren; sie enthalten zudem – in weit höhe-ren Mengen als Gemüse – die Vitamine A, B, C, E, K, aber nicht B12, wie man fälschlicherweise bis vor kurzem glaubte. In Spezialgeschäften und Bioläden kann man viele Algensorten finden (zum Beispiel Dulse, Kombu, Hijiki, Wakame, Nōri, Spirulina), die für die Zubereitung von Suppen verwendet oder gekocht und mit Öl und Zitrone angemacht verzehrt oder aber in kleinen Mengen roh zu allen Arten von Gerichten hinzugefügt werden können.

Algen können Schleim- und Fettablagerungen auflösen, wirken basisch und reinigend aufs Blut und den Körper im Allgemeinen und erleich-tern das Ausscheiden von toxischen Substanzen.

Agar-Agar

Agar-Agar (auch als Kanten bekannt) ist ein Polysaccharid, das als natürliches Gelier- und Andickungsmittel verwendet wird. Es wird aus verschiedenen roten Algensorten gewonnen und besteht vor allem aus Galaktose, einem der zwei Bestandteile der Laktose (Milchzucker). Das Geliermittel, das aus Agar-Agar hergestellt wird, hat einen delikaten Geschmack und ist reich an Mineralien und Vitaminen. Es wird als Pulver, Flocken oder in Riegeln verkauft.

Arame

Reich an Kalzium und Eisen wird diese Algenart als Gewürz bei der Zubereitung von Suppen und Saucen verwendet. Es ist eine gute Hilfe bei Blutdruckproblemen und Erkrankungen der weiblichen Fortpflanzungsorgane.

Carrageen

Wird oft anstelle von Agar-Agar verwendet, weil es eine weichere Konsistenz hat; ist bei Durchfall, Problemen der Harnwege und Lungenentzündungen hilfreich.

Dulse (Lappentang)

Reich an Eisen und Natrium ist sie nützlich bei Anämie und in der Schwangerschaft; sie wird im Ofen geröstet und dann verzehrt oder so Gemüse und Suppen hinzugefügt.

Hijiki

Reich an Kalzium, Eisen, Kalium, Phosphor, Jod, Vitaminen und Nikotinsäure hilft sie, den Blutdruck zu regulieren. Sie wird bei Problemen des Knochenbaus empfohlen, um Haarausfall zu begrenzen und der Bildung von Karies vorzubeugen. Die Alge Hijiki wird verwendet, um Suppen und Saucen zuzubereiten und Salate anzumachen.

Kombu

Enthält große Mengen an Mineralien und Vitaminen, wird als Würze

oder Zusatz für Suppen, Brühen und Gemüse verwendet. Ihr Verzehr wird bei Sklerose, Nieren-, Herz- und Kreislaufproblemen und bei durch Bluthochdruck verursachten Störungen empfohlen.

Nõri

Diese Alge wird getrocknet und danach in quadratische Blätter gepresst. Sie ist reich an Vitamin A, Kalzium, Eisen, Jod und Proteinen. Es gibt zwei Sorten dieser Alge: die rote, die die Verdauung fördert und den Cholesterinspiegel senkt, und die grüne, deren Verzehr in der Schwangerschaft empfohlen wird.

Wakame

Enthält Vitamin C, Thiamin, Nikotinsäure und Kalzium. Diese Alge kann jedem Gericht hinzugefügt werden; sie wird bei empfindlicher Haut und brüchigen Nägeln empfohlen, um die Leber zu entgiften und in Fällen von Durchblutungsstörungen.

Geschmacksverstärker, Verdickungs- und Würzmittel

Leinöl

Leinöl entsteht aus der Kaltpressung biologischen Leinsamens. Es ist eine unerlässliche Quelle essentieller Fettsäuren: der Verzehr von 2 Teelöffeln dieses Öls am Tag liefert die empfohlene Tagesdosis der □-Linolensäure von der Omega-3 Familie.

Nährhefe

Nährhefe ist ein inaktiver Gärstoff, reich an Mineralien und Vitaminen. Sie wird gewöhnlich bei der Zubereitung verschiedener Gerichte wie z.B. Pasta, Hülsenfrüchte, Minestrone und Suppen sowohl als Geschmacksverstärker als auch zur Verleihung einer cremigeren Konsistenz verwendet. Sie sollte erst am Ende des Kochens hinzugefügt werden, damit sie nicht ihren Eiweißgehalt verliert.

Gomasio

Gomasio ist eine in der asiatischen Küche häufig verwendete Würze, die aus **Salz** und geröstetem und zerstampftem **Sesam** besteht (in einigen Fällen wird sie auch mit dem Zusatz von zerkleinerten Algen verkauft). Sie wird zum Würzen von Salaten und zur Herstellung einiger Saucen verwendet; dank des Sesams hat sie einen hohen Nährwert und ist zudem zur Bekämpfung der Übersäuerung des Magens nützlich.

Sojasaucen

Die Saucen, die aus Soja gewonnen werden, sind sehr salzig und haben einen charakteristischen Geschmack.

Sie werden in kleinen Mengen verwendet, um die verschiedensten Nahrungsmittel zu würzen. **Tamari**, japanischen Ursprungs, ist geschmacksintensiver und dickflüssiger als **Shoyu** und wird zum Beispiel zum Würzen von gekochtem Reis oder Gemüse verwendet.

Beide Saucen sollten mit Zurückhaltung als Würze direkt auf dem Teller, in Suppen oder auf Hülsenfrüchten benutzt und am besten erst zum Ende des Kochens hinzugefügt werden.

Sesam und Sonnenblumenkerne

Diese Samen werden in **gerösteter** Form zur Zubereitung einiger Gerichte verwendet, vor allem als Würze für Salate oder zur Herstellung einiger Saucen.

Miso

Miso ist ein Derivat der **gelben Sojabohne** japanischer Herkunft und hat einen besonders salzigen Geschmack.

Er ist dickflüssig und wird zur Würzung von Suppen, Saucen, Risottos und Getreide verwendet. Miso ist reich an Mineralien, Proteinen, Vitaminen und Enzymen, die die Vermehrung der Darmflora begünstigen, entfaltet zudem eine basische Wirkung im Blut und ist ein optimaler Leberreiniger.

Tahin

Tahin, in der Türkei und dem Nahen Osten weit verbreitet, ist eine Creme aus Sesam. Es wird als Würze und zur Zubereitung einiger Gerichte verwendet (wie Falafel, Bällchen aus Kichererbsen). Es hat die Konsistenz einer Creme und ist reich an Vitaminen, Kalzium und Mineralien.

Pflanzliche Mayonnaise

Pflanzliche Mayonnaisen, die aus **Erbsen, Sojabohnen** oder aus **anderen Grundzutaten** hergestellt werden, sind ein guter Ersatz für Mayonnaisen tierischer Herkunft. Man kann sie fertig im Handel (auch mit Kräutern und Gewürzen aromatisiert) erhalten oder leicht selber zuhause zubereiten.

Pflanzliche Margarine

Margarine, auf der Grundlage von **pflanzlichen Fetten** hergestellt, kann als Butterersatz verwendet werden, auch wenn es besser ist, nicht zu viel davon zu gebrauchen. Vor dem Kauf sollte man aufmerksam das Etikett lesen (sie muss 100% pflanzlich sein).

Umeboshi

Umeboshi ist ein Würzmittel japanischer Herkunft, das aus **in Salz marinierten Pflaumen** besteht und einen sauer-salzigen Geschmack hat. Es wird an Stelle von Salz oder als Würze für einige Gerichte (zum Beispiel Gemüse) verwendet. Umeboshi fördert die Verdauung, reinigt die Leber und das Blut und wirkt sich förderlich auf den Darm aus.

Carrobpulver

Das Carrobpulver (aus den **Früchten des Johannisbrotbaums** gewonnen) hat einen dem Kakao ähnlichen Geschmack. Aus diesem Grund wird es zur Zubereitung von Täfelchen (als Schokoladenersatz) und bei der Zubereitung von Süßspeisen verwendet.

Daikon

Daikon ist ein **weißer Rettich**, der zur Zubereitung von Suppen, Eintöpfen, Saucen und zum Würzen von Salaten verwendet wird. Er enthält viel Vitamin C und Kalzium, hat harntreibende Wirkung, entwässert die Leber und fördert die Verdauung.

Kuzu

Kuzu ist eine **Stärke, die aus der Marantawurzel**, einer wilden japanischen Kletterpflanze, **gewonnen wird**. Sie wird vor allem zum Eindicken von Suppen und zur Zubereitung von Süßspeisen und Gemüsen verwendet. Im Gegensatz zu anderen Stärkemitteln ist sie nicht sauer. Sie ist reich an Mineralien und nützlich bei Verdauungsproblemen.

Ingwer

Ingwer ist eine aromatische Wurzel, die zum Würzen von Gerichten oder Getränken (insbesondere von Tee) verwendet wird, die die Verdauung fördert und eine positive Wirkung auf den Magen hat.

Shiitake

Shiitake ist ein **spezieller japanischer Pilz**, den man in getrockneter Form im Handel finden kann. Vor dem Gebrauch muss er zum Aufquellen in Wasser eingeweicht werden. Dieser Pilz wird zur Zubereitung zahlreicher Gerichte von Suppen bis zu Gemüsegerichten verwendet und ist bekannt für seine das Immunsystem stärkende Wirkung.

Süßungsmittel

Der Großteil der Veganer zieht es vor, auf den Gebrauch weißen Industriezuckers zu verzichten, da es möglich ist, ihn durch andere, nicht chemische Süßungsmittel zu ersetzen.

Rohrzucker

Rohrzucker wird als gesünder als der Zucker aus Zuckerrüben

erachtet, weil er kalorienärmer und mineralienhaltiger ist.

Ahornsirup

Der Ahornsirup ist eine Flüssigkeit, die durch das Kochen von Zucker-Ahorn oder Schwarzem Zucker-Ahorn hergestellt wird. Er wird an Stelle des Raffinadezuckers als natürliches Süßungsmittel verwendet, ist kalorienärmer und reich an Mineralien und Vitaminen.

Reismalzsirup

Reismalzsirup ist ein natürliches Süßungsmittel, das durch Fermentierung von Getreidesprossen entsteht und Maltose und Mineralien enthält. Im Handel sind auch Gersten-, Weizen- und Maismalzsirup erhältlich.

Agavensirup

Der Agavensirup ist ein vollkommen natürliches Süßungsmittel mit sehr angenehmem Geschmack, das als Zucker- oder Honigersatz verwendet werden kann.

Zuckerhutmelasse

Dieses natürliche, sehr dunkle Süßungsmittel mit ausgeprägtem Geschmack ist reich an Kalzium und Eisen und nährreicher als die normale Melasse. Sie wird durch das Ausdrücken des Zuckerhuterzens gewonnen. Man kann sie in Bio- und Naturkostläden erhalten.

Getränke

Tee

Wenn man sich gesund ernähren möchte, sollte man Tee meiden, da er Tein enthält. Alternativ dazu kann man **Bancha Tee** (was „leicht" bedeutet) verwenden – eine Sorte von grünem Tee, die in einem natürlichen Verfahren hergestellt wird und reich an Kalzium, Eisen, Vitamin A, C und Nikotinsäure ist. Er ist sehr verdauungsförderlich und in zwei verschiedenen Sorten erhältlich: als **Kukicha Tee** – der aus kleinen Zweigen der Pflanze besteht, die einige Minuten im Wasser gekocht und dann herausgefiltert werden; er enthält nur ein Zehntel des im grünen Tee enthaltenen Teins – und als **Hojicha Tee**, der von den größeren, leicht gerösteten Zweigen des Busches stammt.

Im Handel ist auch der **Mu Tee** erhältlich, eine Mischung aus 16 Kräutern (u.a. Ginseng), der für den Kreislauf und Stoffwechsel förderliche Eigenschaften hat, und der Tee aus der **Lotuswurzel**, ein optimales Heilmittel bei Atemwegsproblemen.

Gersten- oder Getreidekaffee

Diese Kaffees sind ein optimaler Ersatz für den normalen Kaffee, da sie Naturprodukte sind und kein Koffein enthalten. Sie können daher von allen getrunken werden, vor allem auch von

Menschen, die die anregende Wirkung des Kaffees vermeiden wollen. Der am weitesten verbreitete Ersatzkaffee ist der Gerstenkaffee, aber es gibt auch Malz-, Roggen- und Zichorienkaffee.

Wo Vitamine und Mineralien zu finden sind

Eine wichtige Regel ist, dass die Ernährung abwechslungsreich sein muss, so dass alle grundlegenden Nährstoffe aufgenommen werden können. Aus diesem Grund ist es nützlich, die wichtigsten pflanzlichen Quellen für Vitamine und Mineralien zu kennen.

■ **Vitamin A:** Die Nahrungsmittel, die diese Vitamine enthalten, sind fast ausschließlich tierischer Herkunft. Nahrungsmittel pflanzlicher Herkunft können Beta-Carotin, die wichtigste Vorstufe von Vitamin A, enthalten, ein wichtiges Element, das in Tomaten, Karotten, Paprikaschoten, Kürbissen, Aprikosen, Kakifrüchten, Pfifferlingen, Kräutern, grünem Radicchio, Spinat, Schalotten, Kresse, Schnittlauch, Zichorie, Rüben, Rosenkohl, Salatköpfen, Endiviensalat, Sellerie, Kastanien, Kaktusfrüchten und Erdbeeren zu finden ist.

■ **Vitamin B1:** Getreide, ölhaltige Samen, Erdbeeren.

■ **Vitamin B2:** Vollwertgetreide, Hülsenfrüchte, grünblättriges Gemüse.

■ **Vitamin B3:** Hülsenfrüchte und ölhaltige Samen.

■ **Vitamin B5:** Pilze, Erdnüsse, Erbsen, Soja, Buchweizen, Linsen, Sonnenblumenkerne, Brokkoli, Weizen, Vollkornreis, Chili, Blumenkohl, Kohl und Avocado.

■ **Vitamin B6:** Weizensprossen, Pilze, Linsen, ölhaltige Samen, Lauch, Kastanien.

Natürliche Lebensmittel

Die vegane Ernährung ist vorwiegend biologisch. Wer sich für diesen Lebensstil entscheidet, verzichtet aus diesem Grund nicht nur auf den Verzehr von Produkten tierischer Herkunft, sondern versucht auch einige andere Produkte (auch wenn sie nicht tierischer Herkunft sind) durch natürlichere und gesündere zu ersetzen und folgende einfache Ratschläge zu befolgen:

- Apfelessig ist Weinessig vorzuziehen,
- Hydrierte Produkte sollten vermieden oder zumindest nur in Maßen konsumiert werden;
- Vollkornprodukte sind vorzuziehen;
- Auf Alkohol und Zigaretten sollte verzichtet werden;
- Rote Kartoffeln sind besser als gelbe, da sie weniger Solanin enthalten;
- Bei Schalenfrüchten sind Mandeln gesünder als Pistazien und Erdnüsse;
- Schwarzer Pfeffer ist dem weißen vorzuziehen;
- Vollkorn- oder Sauerteigbrot ist vorzuziehen.

■ **Vitamin B7:** Vollwertgetreide, Hülsenfrüchte, Kohl, Blumenkohl, Zitrusfrüchte, Walnüsse, Haselnüsse, Knoblauch.

■ **Vitamin B8:** ölhaltige Samen, Vollkorngetreide, Pilze, Spinat, Weintrauben, Bananen, Pampelmusen, Himbeeren.

■ **Vitamin B9:** Kohl, Rüben, Catalogna (Schnittzichorie), Endiviensalat, Eskariol, Spinat, Brennnessel, Pfefferminze, Petersilie, Hülsenfrüchte, Getreide, Soja, Brombeeren.

■ **Vitamin B12:** kommt nur in Nahrungsmitteln tierischer Herkunft vor, Veganer müssen daher auf Nahrungsergänzungsmittel zurückgreifen.

■ **Vitamin C:** Chili, Brokkoli, Rosenkohl, grüner Kohl, Blumenkohl, Kresse, Blattsalat, Spinat, Weißkohl, grüner Radicchio, Endiviensalat, Sellerie, Feldsalat, Kräuter, Physalis, Kirschen, Erdbeeren, Himbeeren,

Heidelbeeren, Brombeeren, Mispeln, Johannisbeeren, Kiwi, Papaya, Zitrusfrüchte, Kastanien.

■ **Vitamin D:** in Nahrungsmitteln tierischer Herkunft vorhanden (insbesondere in Fisch), aber auch in Steinpilzen und in Kakaosamen.

■ **Vitamin E:** Weizensprossen, pflanzliche Öle, Sonnenblumenkerne, Samen von Sesam, Mais, Soja und Erdnüssen, Haselnüsse, Mandeln, Pistazien, Majoran, Salbei, Rosmarin, Thymian, Basilikum.

■ **Vitamin F:** Weizensprossen, pflanzliche Öle, Sonnenblumenkerne, Samen von Sesam, Mais, Soja und Erdnüssen.

■ **Vitamin K:** Spinat, Spargel, Erbsen, Bohnen, Kartoffeln, Tomaten.

■ **Vitamin P:** Getreide, Buchweizen, Zitrusfrüchte.

■ **Kalzium:** Soja, grünblättriges Gemüse, Walnüsse und Samen, Algen, Kohl, Rettich, Brokkoli, Sesamsamen, getrocknete Feigen, Bohnen, Kichererbsen.

■ **Chrom:** Vollkorngetreide, Hülsenfrüchte, Kartoffeln, Paprika, Äpfel, Bananen, Orangen, Blaubeeren, Ginseng, Datteln.

■ **Eisen:** grünblättriges Gemüse, Kichererbsen, Bohnen, Soja, Kohl, Algen, Tofu, Vollkorngetreide, Trockenobst.

■ **Phosphor:** alle Pflanzen, Getreide, Walnüsse, Soja.

- **Germanium:** in allen Pflanzen enthalten.

- **Jod:** Algen, Pflanzen.

- **Magnesium:** Soja, Hülsenfrüchte, Getreide, Bananen, Orangen, Kohl. Äpfel, Trockenobst.

- **Mangan:** Weizensprossen, Getreide (insbesondere, wenn es vollwertig ist), Spinat, Walnüsse.

- **Molybdän:** Hülsenfrüchte und Getreide (insbesondere, wenn es vollwertig ist).

- **Kalium:** Brokkoli, Karotten, Spargel, Kartoffeln, Avocado, Papaya, Tomaten, Kohl, Melonen, Hülsenfrüchte, Zitrusfrüchte, Bananen, Äpfel, Birnen, Pampelmusen, Kiwi, Vollkorngetreide.

- **Kupfer:** Hülsenfrüchte, Soja, Walnüsse und Trockenobst, Gerste.

- **Selen:** Soja, Getreide (insbesondere, wenn es vollwertig ist), Hülsenfrüchte, Pilze, Brokkoli, Kohl, Knoblauch, Petersilie, Weizensprossen, Ginseng.

- **Natrium:** in allen Pflanzen.

- **Zink:** Hafer, Algen, Kichererbsen, Linsen, Sprossen von Hülsenfrüchten, Samen, Adzukibohnen, Vollkorngetreide, Soja, Weizensprossen, Haselnüsse, Pistazien, Kürbiskerne.

DAS KOCHEN DER NAHRUNGSMITTEL

Für eine korrekte Versorgung des Organismus mit den grundlegenden Nährstoffen ist nicht nur die aufmerksame Nahrungsmittelwahl, sondern auch die Art und Weise, in der sie gekocht werden, wichtig. Bei einigen Kochmethoden werden die in Obst und Gemüse enthaltenen Vitamine und Mineralien reduziert oder zerstört. Die beste Art, Obst und Gemüse zu verzehren, ist, sie **roh** zu essen. Das ist aber nicht immer möglich. Im Allgemeinen laden im Sommer sowohl die Temperaturen als auch die frisch erhältlichen Arten von Sommergemüse zum rohen Verzehr ein (zum Beispiel als typische Sommersalate) oder begünstigen eine kurze Kochdauer. Im Winter hingegen zieht man warme, gekochte Gerichte, in manchen Fällen auch mit langen Kochzeiten (zum Beispiel bei Suppen und Minestrone, typische Gerichte der kalten Jahreszeit), vor. Töpfe aus **Ton, Edelstahl** und **Eisen**, vorzugsweise mit schwerem Boden, sind allen anderen vorzuziehen; Behälter aus Glas sind besser als Plastikgefäße und man sollte Kochbesteck aus **Holz** wählen.

Dämpfen

Das Dämpfen ist eine der empfehlenswertesten Methoden: Es ist gesund und diätetisch, da man dabei weniger Würzmittel verwenden muss und es zudem den direkten Kontakt des Nahrungsmittels mit Wasser verhindert. Durch die Verwendung relativ niedriger Temperaturen gehen nur sehr wenige Vitamine und Mineralien verloren und die Lebensmittel behalten ihren Geschmack unverändert bei.

Backen im Ofen

Bei dieser Art des Kochens werden sehr hohe Temperaturen verwendet, wodurch z.T. die in den Nahrungsmitteln enthaltenen Nährstoffe verloren gehen. Daher ist es vorzuziehen, diese Kochmethode fast ausschließlich in der Winterzeit anzuwenden.

Kochen im Dampfkochtopf

Das Kochen mit dem Dampfkochtopf ist sicher eine der bequemsten Methoden, da sie es erlaubt, die Kochzeit wesentlich zu verringern; viele meinen jedoch, dass man diese Methode nur selten anwenden sollte, da die dabei verwendete hohe Temperatur viele Vitamine zerstört. Die Anhänger dieser Kochmethode vertreten hingegen den Standpunkt, dass man aufgrund der kürzeren Kochzeiten einen geringeren Verlust an Vitaminen gegenüber anderen Methoden zu verzeichnen hat.

Kochen

Das Kochen ist eine der ältesten und traditionellsten Zubereitungsarten von Nahrungsmitteln; beim Kochen ist es möglich, die Verwendung von Fetten zu vermeiden und die Speisen zu aromatisieren, indem man Kräuter und Gewürze ins Kochwasser gibt. Das Problem beim Kochen ist der Verlust von Mineralien und Vitaminen, die vom Nahrungsmittel direkt in die Kochflüssigkeit übergehen; aus diesem Grund wäre es, wenn möglich, empfehlenswert, nur sehr wenig Wasser zu verwenden. Man muss zudem auf die Anfangstemperatur des Wassers achtgeben; in der Regel werden Knollen, Wurzeln und Zwiebeln in kaltes, gesalzenes Wasser gegeben, um erst dann das Wasser zum Kochen zu bringen, während Gemüse, die über der Erde wachsen, direkt in das kochende, gesalzene Wasser gegeben werden.

Grillen

Grillen ist eine der ältesten Zubereitungsmethoden und verleiht den Gerichten einen charakteristischen Geschmack. Es gibt zwei verschiedene Grillmethoden: durch **Wärmeausstrahlung**, d.h. die Wärmeübertragung erfolgt ohne direkten Kontakt zwischen Nahrungsmittel und Wärmequelle (z.B. beim Barbecue, bei dem sich die Glut einige Zentimeter vom Grill entfernt befindet) oder durch **direkten Kontakt**, wenn man glühende Grillpfannen verwendet, auf die man die Lebensmittel legt.

Gedünstetes Gemüse

Es gibt drei Methoden, Gemüse zu dünsten:
- **mit Öl**: Öl in einer Pfanne erhitzen und das Gemüse 5 Minuten lang bei hoher Temperatur dünsten, dann die Pfanne abdecken und auf kleinerer Flamme weiterkochen.

- **mit Wasser**: Wasser in einer Pfanne erhitzen, und das Gemüse 5 Minuten lang bei hoher Temperatur dünsten, dann die Pfanne abdecken und auf kleinerer Flamme weiterkochen.
- **ohne Öl oder Wasser**: Man muss den Topf gut erhitzen, das Gemüse hineinwerfen und 2 Minuten dünsten, dann zudecken und noch einige Minuten weiterkochen.

Tempura

Das Gemüse wird in einem Teig aus Wasser und Mehl gewälzt und dann in kochendem Öl frittiert, so dass der Teig knusprig bleibt. Der Teig darf erst wenige Minuten vor dem Frittieren zubereitet werden und sollte möglichst kalt sein. Es ist daher empfehlenswert, ihn mit Eiswasser zuzubereiten.

VEGAN LEBEN

Während die Wahl einer veganen Ernährung keinen allzu großen Verzicht erfordert und problemlos möglich ist, gilt dies nicht für die Wahl veganer Kleidungsstücke, Kosmetika und Reinigungsprodukte.

Kleidung und Schuhe

Im Hinblick auf Kleidung ist es von grundlegender Bedeutung zu lernen, **Etiketten richtig zu lesen**, um Leder oder Materialien tierischer Herkunft zu vermeiden. Veganer verwenden **synthetische Stoffe**, benutzen aus offensichtlichen Gründen keine Pelze, kontrollieren, dass auch Jacken mit kleinen Felleinsätzen vollständig synthetisch sind, vermeiden Wolle aufgrund dem den Schafen zugefügtem Leid und Seide aufgrund der Tötung der Larven.

Wolle zu vermeiden ist nicht ganz einfach, aber nicht unmöglich. Sie kann durch andere Materialien wie z.B. **Samt**, der aus Baumwolle oder synthetischen Materialien hergestellt wird, **Baumwollchenille**, **Flanell** und **Fleece** ersetzt werden, die genauso warmhalten. Einige dieser Materialien kann man auch als **Garne** im Handel finden, so dass man – wie mit Wolle – Pullover daraus stricken kann. Anstelle von Seide kann man dagegen Viskose verwenden.

Im Hinblick auf Kleidung, Schuhe, Accessoires und Textilien meiden Veganer jegliches Material tierischer Herkunft, einschließlich Wolle und Seide, sogar kleine Ledereinsätze, die in manchen Kleidungsstücken vorkommen, sowie Daunenfüllungen. Sie ziehen es vor, Baumwollsamt, Baumwolle, Leinen, Viskose, Flanell, Chenille, Fleece und andere pflanzliche oder synthetische Materialien zu verwenden.

Im Hinblick auf Leder wird die Sache schwieriger, da es nicht einfach ist, mit Sicherheit das Vorhandensein von Leder auszuschließen, vor allem bei Schuhen, aber auch bei Jacken, Taschen und Kleidungseinsätzen. Auch in diesem Fall ist es wichtig, auf die Etiketten zu achten und Alternativen aus **Alcantara** oder **Kunstleder** vorzuziehen. Für Schuhe, vor allem für Winterschuhe (im Sommer kann man Schuhe aus Stoff und Baumwolle benutzen), ist es schwierig, in normalen Geschäften Alternativen zu finden. Es existieren synthetische Materialien für Schuhwerk wie **Lorika** und **Vegetan**, die atmungsaktiv und weich sind und es möglich machen, optimale Schuhe herzustellen. Es gibt einige Läden, die Schuhe aus diesen alternativen Materialien herstellen; einige von ihnen bieten die Möglichkeit an, im Internet zu bestellen.

Im Hinblick auf **Federn** muss man nicht nur auf das Tragen von Daunen-jacken verzichten, sondern auch bei Bettdecken aufpassen; Gänsefedern können heute leicht durch synthetische Füllungen ersetzt werden.

Kosmetika und Hygieneprodukte

Im Hinblick auf die Wahl von **Kosmetika** und **Reinigungsmitteln** fürs Haus gilt das bereits Gesagte. Die Aufschrift „nicht an Tieren getestet" schließt Experimente in den Phasen vor der Verarbeitung nicht aus, da die Tests von chemischen Substanzen an Tieren vom Gesetz vorgese-hen sind. Zudem stammen die Inhaltsstoffe oft von der Ausbeutung oder Tötung von Tieren, wie im Fall von tierischen Fetten, tierischem Öl, tierischer Gelatine, Stearinsäure, Glycerin, Kollagen, Plazenta, grauem Bernstein, Moschus tierischen Ursprungs, Zibeth, Milch, Sahne, Molke, Eiern, Lanolin, Honig oder Bienenwachs.

Die einzige Möglichkeit, ein **garantiert veganes Produkt** zu kaufen, ist, sich an sicheren und mit Garantien versehenen Produktlisten zu ori-entieren, die von Firmen und Institutionen auf den Markt gebracht wer-den, die bei ihrer Arbeit Natur und Tieren Respekt entgegenbringen. PETA bietet auf der Website www.kosmetik.peta.de eine Liste von Kos-metikherstellern an, die für ihre Produkte keine Tierversuche durchfüh-ren. Im Allgemeinen sind diese Produkte nicht in Supermärkten erhält-lich, man kann sie aber in Bioläden oder im Internet finden. Drogerien haben ihr Sortiment bereits jetzt um vegane Kosmetika erweitert.

Zuhause und außer Haus essen

Allen Vorurteilen zum Trotz ist die vegane Küche nicht nur ethisch und gesund, sondern auch abwechslungsreich und schmackhaft. Obwohl man viele Nahrungsmittel ausschließen muss, da sie tierischer Herkunft sind oder als gesundheitsschädlich erachtet werden, kann man viele al-ternative Gerichte zubereiten, so dass kein Veganer seine Ernährungs-

wahl bereuen muss. Wichtig ist, der eigenen kulinarischen Kreativität freien Lauf zu lassen! Wenn man zuhause kocht, kann man neue Kombinationen von Geschmäckern und neue Rezepte ausprobieren (im Handel sind viele Bücher mit veganen Rezepten erhältlich, auch gibt es zahlreiche Internetseiten dazu). Eine Grundvoraussetzung ist jedoch, die Etiketten aller Produkte, auch der scheinbar veganen, vor dem Kauf mit größter Aufmerksamkeit zu analysieren. Oft enthalten einige Produkte nämlich Zutaten, wenn auch in geringfügigen Mengen, die aus der veganen Ernährung ausgeschlossen werden müssen, wie z.B. Schmalz (den man vor allem in Brot, Pizzen und Focaccia findet), Butter (die sich in vielen Industrieprodukten und auch in einigen Fertigsaucen befindet) und vor allem Milch, die in sehr vielen unterschiedlichen, sowohl süßen als auch salzigen Produkten enthalten ist.

Auch Veganer können sich ruhig erlauben, in Restaurants essen zu gehen. Es ist jedoch notwendig, die Lokalbesitzer oder Kellner nach den Zutaten in den Gerichten zu fragen (wobei man von vorneherein die Speisen ausschließt, die Nahrungsmittel tierischer Herkunft enthalten). Das Gesetz sieht vor, dass jedes Lokal die Liste der verwendeten Zutaten gut sichtbar auszuhängen hat, was auch für Menschen von Bedeutung ist, die an Allergien oder Lebensmittelintoleranzen leiden. Jedes Restaurant in Italien bietet heutzutage vollständige vegetarische Gerichte an, sowohl Primi Piatti (Erste Gänge: von Pasta über Reis bis hin zu Pizza) als auch Secundi Piatti (Zweite Gänge) aus Gemüse und Beilagen. Auch deutsche Restaurants haben sich bei Vor-, Haupt- und Nachspeisen auf vegetarische und vegane Gäste eingestellt. Zudem nimmt die Anzahl rein vegetarischer und veganer Restaurants schnell zu. Auch Restaurants mit internationaler Küche, die überall immer größere Verbreitung finden, servieren viele leckere Gerichte, die von Veganern verzehrt werden können; sie bieten oft eine große Auswahl an Gerichten auf pflanzlicher Basis an, die auf besondere Weise gekocht und gewürzt werden.

Wer aufgrund von Arbeit oder Studium oft außer Haus isst, kann sich auch mit einer Lunch-Box ausstatten und darin am Tag zuvor zubereitete Gerichte mitnehmen. Wer es dagegen vorzieht, in der Kantine oder Mensa zu essen, muss den Köchen seine Bedürfnisse mitteilen. In jedem Fall ist es wichtig, um Klärung zu bitten, wenn man sich nicht sicher ist, ob das, was serviert wird, auch wirklich 100% vegan ist.

Das Frühstück

Von allen Mahlzeiten ist das Frühstück vielleicht die komplizierteste für Veganer, vor allem für diejenigen, die es außer Haus zu sich nehmen, weil die meisten süßen Gebäckteile Spuren von Milch, Eiern oder Schmalz enthalten (zum Beispiel die klassischen Croissants im Café). Für diejenigen, die zuhause frühstücken, gibt es dagegen schmackhafte Alternativen zu Snacks, Gebäck und Keksen aus der industriellen Produktion. Wie bereits gesagt, kann Kuhmilch durch Sojamilch (die es auch schon mit Schokoladen-, Vanille- und Erdbeergeschmack gibt), Reis-, Mandel- oder Hafermilch ersetzt werden, der traditionelle Kaffee durch Gerstenkaffee, der Tee durch Bancha Tee. In Supermärkten und Biolädenbekommt man Gebäck ohne Milch, Honig, Eier, Schmalz und Butter; wer dazu Zeit hat, kann auch selber backen. Bioläden verkaufen auch Vollwerttörtchen und Croissants aus veganem

Dinkel. Anstelle der Kekse kann man auch Brot (oder Reis- oder Getreidewaffeln) und Marmelade (möglichst hausgemacht) essen, wobei man daran denken muss, Butter durch pflanzliche Margarine zu ersetzen (oder sie ganz zu meiden, da man nicht zu viel davon verwenden sollte). Viele ziehen es hingegen vor, frisches Obst oder einen Sojajogurt, Getreideprodukte oder Müsli zu essen oder einen Shake zu trinken. Andere wiederum bevorzugen ein salziges Frühstück (typisch für Nordeuropa) mit Crackern und pflanzlichen Pasteten (gekauft oder zuhause zubereitet) begleitet von einem frisch gepressten Saft oder Vollkornbrot mit Tahin. Wichtig ist, das Frühstück nie auszulassen, weil von dieser ersten Mahlzeit grundlegende Nährstoffe und Energie für unsere täglichen Aktivitäten stammen.

Die Zwischenmahlzeit am Vormittag

Vor allem bei Menschen, die sehr früh frühstücken, kann sich am Vormittag ein Hungergefühl einstellen. In diesem Fall sollte man sich besser nicht mit schweren Nahrungsmitteln vollstopfen, um nicht zu riskieren, das Mittagessen ausfallen zu lassen, und lieber frisches Obst, einen Sojapudding oder einen pflanzlichen Jogurt wählen.

Das Mittagessen

In Italien und auch in anderen europäischen Ländern ist normalerweise das Mittagessen die schnellste Mahlzeit am Tag. Viele haben nicht die Zeit, aufwendige Gerichte zu kochen, und einige kehren nicht einmal zum Essen nach Hause zurück. Pasta oder ähnliches ist sicher das am schnellsten zubereitete Gericht – man kann sie auf verschiedene Art anrichten: mit zuvor vorbereiteten Saucen, mit aromatischen Kräutern und ein wenig kaltgepresstem Olivenöl oder durch das Hinzufügen von Gemüse oder Hülsenfrüchten (zum Beispiel die klassische Pasta mit Kichererbsen oder Pasta mit Brokkoli) und gewürzt mit einigen Flo-

53

cken pflanzlicher Hefe anstelle des Parmesankäses. Alternativ dazu kann man einen Teller Reis oder Couscous begleitet von gedämpftem oder gedünstetem Gemüse wählen. Wer es herzhaft mag, kann einen pflanzlichen Hamburger, Seitan, pflanzlichen Aufschnitt oder Tofu wählen. Anstelle des traditionellen Weißbrots kann man Roggenbrot oder Reiswaffeln verzehren. Im Sommer kann man kalte Salate aus Reis, Pasta, Couscous oder Dinkel wählen, die man am Vortag vorbereiten und bequem in der Lunch-Box mitnehmen kann, oder gemischte Gemüsesalate, die mit Tofuwürfeln, Walnüssen, Gomasio und/oder verschiedenen Samenkörnern angereichert werden können.

Die Zwischenmahlzeit am Nachmittag

Am Nachmittag überkommt einen gewöhnlich der klassische Appetit, durch den man sich auf alles stürzt, was sich im Kühlschrank oder der Vorratskammer befindet. Meistens handelt es sich dabei um Süßspeisen. Für eine vegane Zwischenmahlzeit gelten im Allgemeinen die gleichen Regeln wie für das Frühstück, d.h. es ist vorzuziehen, frisches Obst (bequem auch an den Arbeitsplatz oder zur Schule mitzunehmen), Sojajogurt, Trockenobst, veganen Zwieback mit Marmelade oder veganer Haselnusscreme oder ein Brot mit veganer Pastete zu verzehren.

Das Abendessen

Beim Abendessen haben fast alle mehr Zeit zum Kochen, um auch aufwendigere Gerichte, evtl. auch angeregt durch ein Rezept, zuzubereiten. Wenn man zu Mittag etwas Leichteres gegessen hat, kann man zum Abendessen etwas Aufwendiges (z.B. mit Sojaprodukten, Tofu, Seitan, Sojahackfleisch) mit einer Beilage aus Gemüse oder Algen oder aber Suppen oder gedünstete Hülsenfrüchte wählen, die sehr schmackhaft und insbesondere im Winter zu empfehlen sind (wenn man will, kann man sie dann auch einfrieren).

Jahreszeitgemäße Nahrungsmittel

Es ist vorzuziehen, frisches Gemüse und Obst zu verzehren, das natürlich gereift ist und dann gleich konsumiert wird. Zur richtigen Jahreszeit haben Gemüse und Obst sowohl den optimalen **Reifungsgrad** als auch den besten **Geschmack** erreicht. Zudem sind sie dann im Handel **leichter zu finden**, sind **frischer** und **preiswerter**.

Obst und Gemüse bieten zum richtigen Zeitpunkt alles, was unser Organismus braucht. Wenn sie frisch und jahreszeitgemäß sind und aus der Region stammen, können sie uns für das **jeweilige typische regionale Klima** genau die richtige Menge an Nährstoffen liefern. Sie unterstützen uns dabei, die aktuelle Jahreszeit zu bestehen, indem sie uns z.B. dabei helfen, den typischen Beschwerden der Winterzeit vorzubeugen und uns in den heißen Sommermonaten erfrischen und wichtige Flüssigkeit liefern.

Daher sollte man es vermeiden, Nahrungsmittel zu sich zu nehmen, die künstlich gereift oder mit **chemischen Konservierungsstoffen** behandelt wurden; diese forciert angebauten Pflanzen sind schwächer, anfälliger für Parasiten und andere Krankheiten und werden von daher eher mit **Pestiziden** behandelt. Zudem sind früh geerntete Früchte und Gemüse, deren Reifungsprozess noch nicht abgeschlossen ist, reich an **Nitraten**, Elemente, die in jahreszeitgemäßen Pflanzen meist nur vorübergehend vorhanden sind, aber in denjenigen, die forciert angebaut wurden, nicht mehr abgebaut werden können. Nitrate verwandeln sich im Organismus in **Nitrite**, die wahre Gifte sind.

Wenn man sich jahreszeitgemäß ernährt, gewährleistet dies das ganze Jahr hindurch eine **abwechslungsreiche Ernährung**, wodurch die Mahlzeiten appetitanregender werden: Im Winter werden wir schwerlich Appetit auf Wassermelone oder bei schwülem Klima auf eine warme Kohlsuppe haben... Ideal wäre es, wenn auf Regalen und Schildern in den Geschäften jahreszeitliche Angaben gemacht würden, aber bis dies geschieht, können die Tabellen auf den folgenden Seiten als Erinnerungshilfe dafür dienen, was die richtige Jahreszeit für den Verzehr der verschiedenen pflanzlichen Produkte ist.

 # Die Jahreszeiten der Früchte

	Aprikosen	Melonen	Orangen	Kaki	Kastanien	Kirschen	Erdbeeren	Kiwis	Himbeeren
Januar									
Februar									
März									
April									
Mai									
Juni									
Juli									
August									
September									
Oktober									
November									
Dezember									

Die Jahreszeiten der Früchte

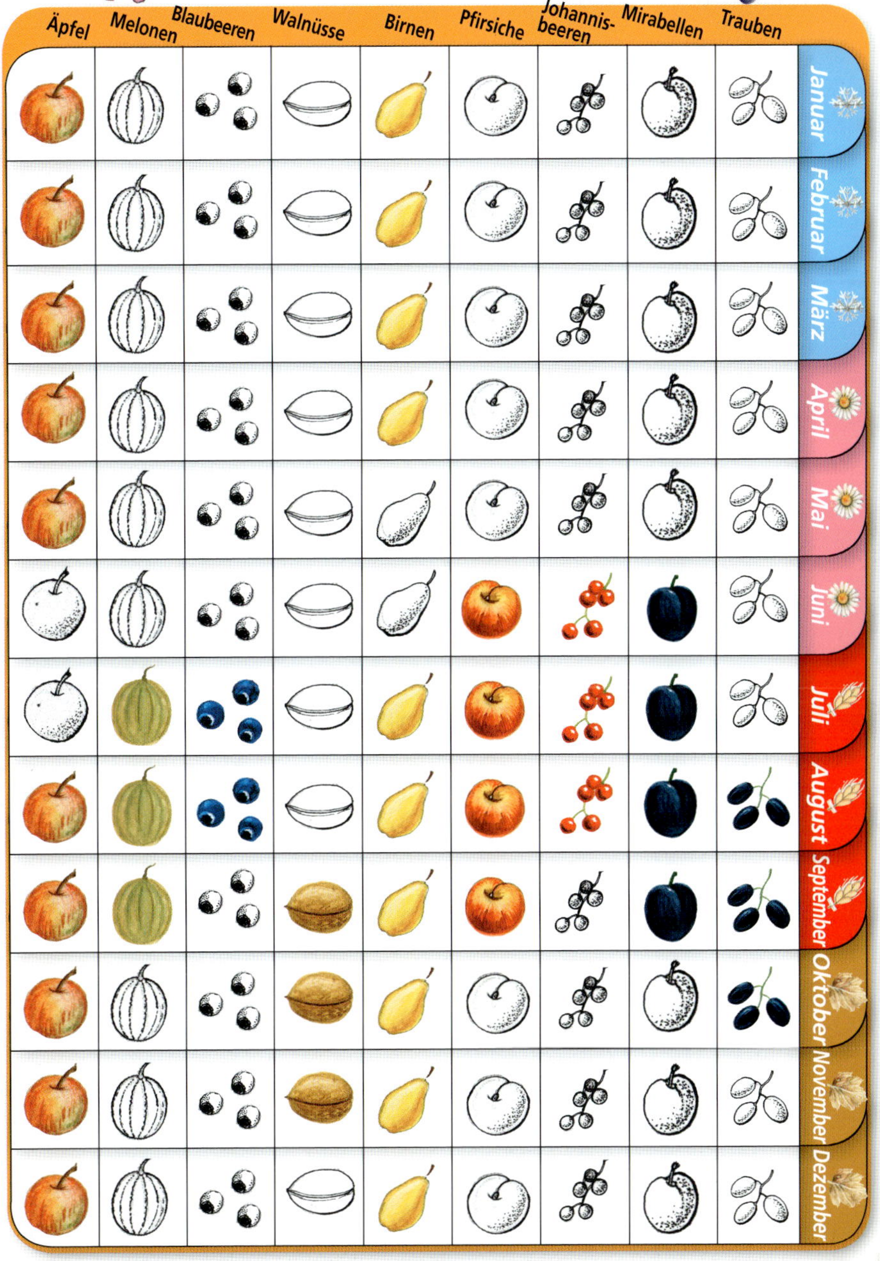

	Äpfel	Melonen	Blaubeeren	Walnüsse	Birnen	Pfirsiche	Johannis-beeren	Mirabellen	Trauben
Januar									
Februar									
März									
April									
Mai									
Juni									
Juli									
August									
September									
Oktober									
November									
Dezember									

Vegan Leben

57

Die Jahreszeiten des Gemüses

	Spargel	Kapern	Artischocken	Karotten	Blumenkohl	Gurken	Zwiebeln	Bohnen	Stangen-Bohnen
Januar									
Februar									
März									
April									
Mai									
Juni									
Juli									
August									
September									
Oktober									
November									
Dezember									

Vegan Leben

Die Jahreszeiten des Gemüses

	Pilze	Auberginen	Oliven	Paprika	Erbsen	Tomaten	Sellerie	Kürbis	Zucchini	
Januar										
Februar										
März										
April										
Mai										
Juni										
Juli										
August										
September										
Oktober										
November										
Dezember										

VEGANE REZEPTE

Für jedes Rezept ist der **Schwierigkeitsgrad** angegeben:

Leicht

Mittlerer Schwierigkeitsgrad

Schwierig

Zusätzlich zum Schwierigkeitsgrad ist die **Zubereitungszeit** ( ) angegeben, die sowohl die Vorbereitungs- als auch die Kochzeit einschließt. Nicht mit eingerechnet ist hier die für Einweichen, Ruhen lassen, Marinieren, Gehen lassen oder Abkühlen benötigte Zeit, diese wird jedoch innerhalb des Rezepts angegeben.

BROT

Getreidecracker

 40 Minuten ■ Schwierigkeitsgrad

40 g Weizenmehl, 200 g Müsli, 2 Teelöffel zerstampfter Leinsamen, 1 Esslöffel Kümmelpulver, 10 g Hefe, kaltgepresstes Olivenöl, lauwarmes Wasser.

Alle Zutaten vermischen und kneten, dabei so viel Wasser hinzufügen, dass ein weicher Teig entsteht. Den Teig in eine Form geben, mit einem Tuch abdecken und 1 Stunde ruhen lassen. Den Teig sehr dünn auf Backpapier ausrollen und in quadratische Stücke schneiden (die klassische Crackerform). Die Teigquadrate in den auf 250°C vorgeheizten Ofen schieben und 20 Minuten backen lassen. 2 Minuten, bevor die Cracker aus dem Ofen genommen werden, mit Öl bestreichen.

Grissini aus Vollkorndinkel

 30 Minuten ■ Schwierigkeitsgrad

150 g Vollkorndinkelmehl, 100 g Mehl vom Typ 550, Hartweizengrieß zum Bestäuben der Arbeitsfläche, 75 g Hefe, ½ Teelöffel Malz, ½ Teelöffel Salz, 25 g kaltgepresstes Olivenöl, 100ml Wasser.

Alle Zutaten (außer dem Grieß) lange und kräftig durchkneten, bis man eine glatte Kugel erhält. Die Arbeitsfläche mit dem Hartweizengrieß bestäuben und den mit Mehl bestäubten Teig mit der Teigrolle 1 cm dick ausrollen und ein Rechteck formen, mit Öl bestreichen, zudecken und 8 Stunden gehen lassen.

Die Grissini formen, indem man das Teigrechteck in Stäbchen unterteilt, die dann durch Rollen mit den Händen verlängert und verschlankt werden. Die so erhaltenen Grissini auf ein mit Backpapier ausgelegtes Blech legen und 15 Minuten im auf 200°C vorgeheizten Ofen backen.

Sesambrot

 1 Stunde ■ Schwierigkeitsgrad

200 g Vollkornmehl, 300 g Roggenmehl,
150 g Sauerteig, 1 Esslöffel Gerstenmalz,
100 g Sesam, 2 Esslöffel kaltgepresstes Olivenöl,
1 Teelöffel Salz, 300ml lauwarmes Wasser

Das lauwarme Wasser in eine große Schüssel geben und den Sauerteig und das Malz darin auflösen. Das Mehl und Salz unter kräftigem Kneten nach und nach hinzufügen, bis man einen gleichmäßigen, elastischen Teig erhält. Sobald der Teig anfängt zusammenzuhalten, auf die Arbeitsfläche legen, um ihn besser durchkneten zu können (weitere 10 Minuten). Den Teig in eine Form mit hohen Rändern geben und mit einem Messer ein Kreuz in die Oberfläche ritzen, dann mit einem Tuch bedecken und 12 Stunden gehen lassen.

Den Teig nach Ablauf der 12 Stunden erneut 10 Minuten durchkneten. Dem Brot dann die gewünschte Form verleihen, mit Sesam bestreuen, in eine Form legen, erneut abdecken und weitere 2 Stunden gehen lassen. Die Oberfläche des Brots mit etwas kaltgepresstem Olivenöl bestreichen und im auf 200°C vorgeheizten Ofen 30-40 Minuten backen.

Walnussbrot

70 Minuten ■ Schwierigkeitsgrad

350 g Mehl vom Typ 550, 250 g Kastanienmehl,
250 g Walnusskerne, 30 g Hefe,
1 Esslöffel kaltgepresstes Olivenöl, Salz, 400 ml Wasser.

50 g des Mehls vom Typ 550 mit 50 g Kastanienmehl und 30 g Hefe, die in 100 ml lauwarmem Wasser aufgelöst wurde, mischen; langsam

15 Minuten lang kneten. Aus dem Teig eine Kugel formen, den Teig in eine Form mit hohen Rändern legen, ein Kreuz in die Oberfläche ritzen und mit einem Tuch bedecken. Den Teig 2 Stunden gehen lassen.

Nach Ablauf dieser Zeit die aufgegangene Teigkugel mit 300 g Mehl vom Typ 550, 200 g Kastanienmehl, 300 ml Wasser, einem Esslöffel Öl und ein wenig Salz vermengen; 15 Minuten lang durchkneten und mit dem Teig eine Kugel formen. Ein Kreuz in den Teig ritzen, ihn abdecken und weitere 2 Stunden gehen lassen.

Den Teig erneut durchkneten, wobei vorsichtig die Walnusskerne ein-gearbeitet werden. Ein langes, ovales Brot formen und in eine leicht geölte Form legen. Weitere 20 Minuten gehen lassen, nachdem man überall kleine Löcher mit dem Zeigefinger in den Teig gemacht hat. Im auf 180°C vorgeheizten Ofen 40 Minuten backen.

Arabisches Brot

 45 Minuten ■ Schwierigkeitsgrad

1,5 kg Mehl, 300 ml Wasser, 1 Teelöffel Zucker,
7 g Hefe, kaltgepresstes Olivenöl.

In einer Schüssel Hefe, Wasser und Zucker vermischen und das Ganze 5 Minuten lang an einen warmen Ort stellen, bis sich Bläschen bilden. Dann das Mehl und 2 Esslöffel Öl hinzufügen, in die Knetmaschine geben oder so lange kneten, bis ein kompakter Teig entsteht, dann den so erhaltenen Teig auf eine mit Mehl bestäubte Arbeitsfläche legen und so lange kneten, bis er elastisch wird. In eine eingeölte Form legen, abdecken und an einem warmen Ort 20 Minuten ruhen lassen.

Auf den Teig drücken, um die Luft herauszulassen, in 12 Stücke teilen und jedes zu 5 mm dicken Fladen ausrollen. Die Fladen auf ein eingeöltes Ofenblech legen und im auf 250°C vorgeheizten Ofen 5 Minuten lang backen.

Teig für süßes Gebäck und Quiche

 30 Minuten ■ Schwierigkeitsgrad

300 g Vollkornmehl, 150 g Margarine, 100 ml Wasser, Salz.

Das Mehl und eine Prise Salz in eine Schüssel geben. Die Margarine in Stückchen schneiden, das Wasser in einen Topf gießen, die Margarine hinzufügen und das Ganze langsam zum Kochen bringen. Wenn es kocht, die Flüssigkeit auf das Mehl gießen und das Ganze sorgsam mit einem Holzlöffel vermischen.

Sobald die Mischung soweit abgekühlt ist, dass man sie anfassen kann, eine Kugel daraus formen. Den Teig ausrollen und in eine Tortenform legen. Nach Belieben belegen und im auf 180°C vorgeheizten Ofen 20 Minuten backen.

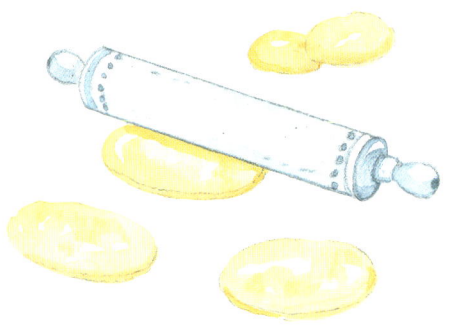

Mexikanische Tortillas

 15 Minuten ■ Schwierigkeitsgrad

300 g Maismehl, Keimöl, 1 Glas Wasser, Salz.

Aus dem Mehl und Wasser einen Teig formen. Salzen und 5 Minuten lang durchkneten. Den so erhaltenen Teig in kleine Kugeln unterteilen und durch Drücken zu kleinen Teigfladen formen. Eine Pfanne leicht einfetten und die Tortillas auf beiden Seiten backen.

SAUCEN UND DRESSINGS

Vegane Béchamelsauce

  15 Minuten ■ Schwierigkeitsgrad

50 g Margarine, 50 g Mehl, 500 ml Sojamilch,
Muskatnuss, Salz, Pfeffer.

Die Margarine bei mittlerer Hitze in einem kleinen Topf schmelzen lassen, das Mehl hinzufügen und zur Vermeidung von Klumpenbildung mit einem Schneebesen verquirlen. Die Sojamilch ganz langsam unter ständigem Rühren dazugeben. Wenn sie beginnt, aufzukochen, die Temperatur senken, Salz, Pfeffer und eine Prise Muskatnuss hinzufügen. Einige Minuten, je nach gewünschter Konsistenz, kochen lassen.

Avocadomayonnaise

 10 Minuten ■ Schwierigkeitsgrad

1 große Avocado, ½ Zitrone, ½ Teelöffel Kümmel,
4 Esslöffel kaltgepresstes Olivenöl, ½ Teelöffel Salz.

Die Avocado schälen und grob zerkleinern, die Zitrone auspressen und den Saft über die Avocado gießen. Die Avocado mit Öl, Kümmel und Salz vermischen, bis man eine dicke, gleichmäßige Creme ohne Klumpen erhält.

 ## Pflanzliche Mayonnaise

 30 Minuten ■ Schwierigkeitsgrad

3 Karotten, ½ Dose Mais, 1 Teelöffel Senf, 2 Esslöffel Apfelessig,
4 Esslöffel kaltgepresstes Olivenöl, Salz.

Die Karotten schälen, in Stückchen schneiden und 20 Minuten lang dämpfen. Die Karotten, den abgetropften Mais, das Öl, den Senf, eine

Prise Salz und den Apfelessig in eine Schüssel geben und pürieren, bis man eine Creme erhält.

Pflanzliches Ragout

 40 Minuten ■ Schwierigkeitsgrad

250 g Zuckererbsen, 250 g Zwiebeln, 250 g Karotten, 3 Stangen Sellerie, 200 g geschälte Tomaten, 4 Esslöffel kaltgepresstes Olivenöl, Salz.

Das Gemüse waschen und in kleine Stücke schneiden, dann 30 Minuten lang in einem Topf mit dem Öl und den Tomaten kochen lassen. Dabei von Zeit zu Zeit umrühren, damit das Ganze nicht ansetzt. Wenige Minuten vor Beendigung des Kochens das Salz hinzufügen.

Tofusauce

 5 Minuten ■ Schwierigkeitsgrad

150 g frischer Tofu, 4 Esslöffel Zitronensaft,
1 Teelöffel Senf, Sojamilch nach Belieben, ½ Teelöffel Salz.

Den Tofu in eine Schüssel geben und den Zitronensaft, das Salz, den

Senf und einige Löffel Sojamilch hinzufügen. Die Zutaten pürieren, bis man eine Creme erhält. Die Creme zu rohem, in Streifen geschnittenem Gemüse servieren.

Basilikumsauce

 5 Minuten ■ Schwierigkeitsgrad

1 Bund Basilikum, 1 Bund glatte Petersilie, 1 Zitrone, 3 Esslöffel kaltgepresstes Olivenöl, Salz.

Das Basilikum zerpflücken. Die Zitrone auspressen und den Saft zum Basilikum geben; die gehackte Petersilie, eine Prise Salz und das Öl hinzufügen. Die so erhaltene Sauce kann man als Dressing für Hülsenfrüchte, Reis oder Pasta verwenden.

ANTIPASTI

Gemüseartischocken-Antipasto

 20 Minuten ■ Schwierigkeitsgrad

Für 4 Personen: *200 g Gemüseartischocken,
3 Zitronen, kaltgepresstes Olivenöl, Salz, Pfeffer.*

Die Zitronen auspressen. Die Gemüseartischocken putzen, in Stückchen schneiden und in einer Schüssel in 2/3 des Zitronensafts einweichen lassen. Nach 15 Minuten abtropfen lassen und auf einer Servierplatte anrichten. Die Gemüseartischocken mit Salz, Öl, Pfeffer und dem verbliebenen Zitronensaft abschmecken.

 ## Bruschetta mit Kichererbsencreme

  15 Minuten ■ Schwierigkeitsgrad

Für 4 Personen: *120 g Kichererbsen, 8 Scheiben Brot,
1 Zweig Rosmarin, 1 Stängel Petersilie, kaltgepresstes Olivenöl,
Gomasio, Salz, weißer Pfeffer.*

Die Kichererbsen mit einem Zweig Rosmarin 2 Stunden lang in ungesalzenem Wasser dünsten, das Salz erst am Ende dazugeben. Die Kichererbsen abgießen und dann pürieren, wobei der Rosmarinzweig zuvor

entfernt werden muss. Die Kichererbsen mit Öl, weißem Pfeffer, einer Prise Gomasio und der gehackten Petersilie abschmecken. Das Brot 5 Minuten lang im Ofen rösten. Die Kichererbsencreme auf die Brotscheiben streichen und mit einem Blatt Petersilie garnieren.

Tomatenbruschetta

 15 Minuten ■ Schwierigkeitsgrad

Für 4 Personen: *8 Scheiben dünn geschnittenes Brot, 2 Tomaten, ½ Teelöffel zerkleinertes, trockenes Basilikum, 4 Knoblauchzehen, kaltgepresstes Olivenöl, Salz.*

Die Brotscheiben 5 Minuten lang im Ofen rösten. Eine halbe Knoblauchzehe auf jede Brotscheibe reiben. Die Tomaten in Stückchen schneiden und in einer Schüssel mit Öl, Basilikum und Salz mischen. Die angemachten Tomaten auf dem Brot verteilen und servieren.

Zucchini-Carpaccio

 20 Minuten ■ Schwierigkeitsgrad

Für 4 Personen: 4 Zucchini, 1 Zitrone, kaltgepresstes Olivenöl, geröstete Sesamkörner zum Bestreuen.

Die Zucchini waschen und in ganz dünne Scheiben schneiden. Die Zucchinischeiben ohne Überlappung auf einer großen Platte anrichten und mit Zitrone und Öl anmachen. 2 Stunden im Kühlschrank vor dem Servieren ruhen lassen. Sesamkörner rösten und das Carpaccio damit bestreuen.

Curry-Linsen-Creme

 40 Minuten ■ Schwierigkeitsgrad

Für 4 Personen: 120 g Linsen, 1 Zwiebel, 25 g Margarine, 1 Esslöffel Curry, Salz, Pfeffer.

Die Linsen waschen und 30 Minuten dünsten, dann mit einer Gabel zerdrücken, bis ein Püree entsteht. Die Margarine in einer Pfanne zum

Schmelzen bringen und die fein geschnittene Zwiebel darin anbraten. Nach einigen Minuten den Curry hinzufügen und weitere 2 Minuten köcheln lassen. Das Angebratene zu den Linsen geben, gut durchmischen und dann abkühlen lassen. Die Creme mit Croutons servieren.

Paprikacreme

 30 Minuten ■ Schwierigkeitsgrad

Für 4 Personen: 3 Paprika, 40 g geröstete Haselnüsse, 2 Knoblauchzehen, 1 Bund Petersilie, 2 Esslöffel Essig, 50 g Paniermehl, kaltgepresstes Olivenöl, Salz, Pfeffer.

Die Paprika säubern, in Scheiben schneiden und grillen, dann enthäuten und zusammen mit dem Knoblauch, den Haselnüssen, dem Essig, dem Paniermehl, einer Prise Salz und Pfeffer in die Küchenmaschine geben. Unter langsamem Hinzufügen des Öls (nur ein dünner Strahl) mixen, bis die Creme dick und gleichmäßig ist. Die gehackte Petersilie zum Schluss hinzufügen. Die Creme auf Croutons servieren.

Seitancreme

 15 Minuten ■ Schwierigkeitsgrad

Für 4 Personen: 150 g Seitan, 15 schwarze, entkernte Oliven,
1 Knoblauchzehe, 1 Handvoll frische Petersilie, Shoyu,
2 Esslöffel Apfelessig.

Den Seitan kurz grillen und in kleine Stücke schneiden. Dann den Seitan, die in Stückchen geschnittenen Oliven, den gehackten Knoblauch, den Essig und die Petersilie in einer Schüssel vermischen. Alle Zutaten pürieren, bis eine weiche Creme entsteht. Einen Hauch Shoyu hinzufügen und die so erhaltene Creme mit Croutons aus Vollkornbrot, Reiswaffeln oder dünnen Roggenbrotscheiben servieren.

Algenrouladen

 50 Minuten ■ Schwierigkeitsgrad

Für 4 Personen: ½ Tasse Hijiki, 8 Radicchioblätter, 1 Lauchstange,
1 Karotte, 50 g Kürbis, 1 Esslöffel Pinienkerne, 1 Esslöffel Mandeln,
2 Esslöffel Sojasauce, 2 Esslöffel Apfelessig,
2 Esslöffel kaltgepresstes Olivenöl.

Die Algen 2 Stunden einweichen lassen; dann abgießen und sorgfältig abspülen. Die Pinienkerne und Mandeln im Ofen rösten. Die Algen mit dem Essig und der Sojasauce in einen Topf geben, mit ausreichend Wasser bedecken und dann bei hoher Temperatur kochen, bis alle Flüssigkeit verdampft ist.
In der Zwischenzeit den in Scheiben geschnittenen Lauch, den gewürfelten Kürbis und die in feine Streifen geschnittene Karotte in einer Pfanne mit Öl dämpfen. Wenn alles gar ist, die Algen, das Gemüse, die Pinienkerne und Mandeln vermischen und pürieren, bis ein kompakter Teig entsteht.

Die Radicchioblätter einige Minuten lang dünsten und dann abkühlen lassen. Jedes Blatt mit dem Algenteig füllen und Rouladen formen, mit einem Zahnstocher verschließen und in eine gefettete Form legen. Die Rouladen 10 Minuten lang im auf 180°C vorgeheizten Ofen backen und heiß servieren.

Tofumarinade

15 Minuten ■ Schwierigkeitsgrad

*Für 4 Personen: 200 g Tofu, 25 g Pinienkerne,
20 g geschälte Walnüsse, ein Bund Petersilie, 1 Knoblauchzehe,
Shoyu, kaltgepresstes Olivenöl, Salz, Pfeffer.*

Den Knoblauch, die Walnüsse, Pinienkerne und Petersilie zusammen hacken, alles in eine große Schüssel geben und Öl, Salz, Pfeffer und Shoyu hinzufügen. Den Tofu in dünne Scheibchen schneiden, die Tofuscheibchen schichtweise in ein Einmachglas legen und mit dem Dressing bedecken; der Tofu muss vollständig in die Sauce eingetaucht sein. Den Tofu vor dem Servieren 48 Stunden im Kühlschrank marinieren lassen.

Auberginen mit Knoblauch-Petersilien-Sauce

 40 Minuten ■ Schwierigkeitsgrad

*Für 4 Personen: 4 große Auberginen, 2 Esslöffel Apfelessig,
3 Knoblauchzehen, 1 Bund Petersilie,
½ Glas kaltgepresstes Olivenöl, Salz.*

Die Auberginen waschen und der Länge nach in dünne Scheiben schneiden, die Scheiben auf ein schräg gestelltes Brett legen und mit Salz bestreuen. Dort mindestens 20 Minuten lassen, so dass sie abtropfen und ihre Flüssigkeit verlieren können. Die Petersilie und den Knoblauch hacken, dann das Öl, den Essig und Salz hinzufügen. Unter laufendem Wasser das Salz von den Auberginen abspülen, dann beidseitig grillen. Die gegrillten Auberginen mit der Knoblauch-Petersiliensauce mischen und vor dem Servieren eine Nacht im Kühlschrank ruhen lassen.

Tofumousse mit Sahne

 10 Minuten ■ Schwierigkeitsgrad

Für 4 Personen: 200 g Tofu, 50 g Sojasahne, 15 g Essig, 25 g Sojaöl, Salz.

Alle Zutaten in eine Schüssel geben und mit dem Pürierstab pürieren. Die Mousse mit Croutons oder rohem Gemüse servieren.

Panelle (Kichererbsenpfannkuchen)

20 Minuten ■ Schwierigkeitsgrad

Für 4 Personen: 200 g Kichererbsenmehl, ½ l kaltes Wasser, Petersilie, kaltgepresstes Olivenöl, Salz.

Das Kichererbsenmehl in einem Topf bei mäßiger Temperatur in Wasser einrühren. Salz und gehackte Petersilie hinzufügen. Die Temperatur verringern und unter ständigem Rühren kochen lassen, bis eine feste Polenta entstanden ist. Das Ergebnis in eine hohe quadratische Form geben und vollständig abkühlen lassen. Das Ganze auf ein Brett stürzen und in 4 mm dicke Rechtecke schneiden. Jedes Rechteck in viel Olivenöl braten; vor dem Servieren auf Küchenkrepp legen, um das überflüssige Öl abzusaugen.

Marinierte Paprika

 15 Minuten ■ Schwierigkeitsgrad

Für 4 Personen: 3 rote und gelbe Paprika, 1 Zitrone, Essig, Öl, Salz, Pfeffer.

Die Paprikaschoten waschen und in kleine, dünne Streifen schneiden, sie dann in einer Schüssel anrichten und mit reichlich Essig, Öl, dem Zitronensaft, Salz und Pfeffer anmachen. Gut mischen und die Paprika 2 Stunden lang marinieren lassen.

Gefüllte Algenrollen

20 Minuten ■ Schwierigkeitsgrad

Für 4 Personen: 1 Tasse Buchweizensprossen, ½ Tasse Quinoasprossen, ½ Avocado, ½ Gurke, 4 Blätter Radicchio, ½ Tasse Sonnenblumenkerne, 1 Esslöffel Leinsamen, 1 Esslöffel Sesamcreme, 2 Teelöffel Reismiso, 2 Esslöffel Hefeflocken, 2 Blätter ungeröstete Norialgen.

Die Sonnenblumenkerne und den Leinsamen 5 Stunden lang in Wasser einweichen lassen. Die Buchweizensprossen grob hacken, mit dem Leinsamen und den Sonnenblumenkernen mischen, die Sesamcreme, den Miso und die Hefeflocken hinzufügen und sorgsam mischen. Die Gurke, den Radicchio und die Avocado hacken. Die Algenblätter auf die Arbeitsfläche legen und die Sprossenmischung darauf verteilen, wobei jeweils 2 cm an den Rändern frei gelassen werden. Die Avocado und das Gemüse in der Mitte platzieren und alles zusammen aufrollen, so dass ein Zylinder entsteht; die Enden der Blätter anfeuchten und leicht andrücken, um die Rolle zu schließen. Die Rolle in dünne Scheiben schneiden und vor dem Servieren auf einer Platte anrichten.

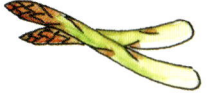

Spargeltörtchen

 45 Minuten ■ Schwierigkeitsgrad

Für 4 Personen: *500 g Teig für süßes Gebäck und Quiche (siehe Seite 65), 180 g geschälter Spargel, 1 Schalotte, 200 g Tofu, 100 ml Sojasahne, 75 ml Sojamilch, Muskat, Margarine, kaltgepresstes Olivenöl, Salz, Pfeffer.*

Den Teig ausrollen, mit ein wenig geschmolzener Margarine bestreichen und damit gefettete und bemehlte ofenfeste Förmchen (z.B. Muffinförmchen) auskleiden. Die Spargelstangen in Scheiben schneiden und zusammen mit den Spargelspitzen und Schalottenringen in Öl und ein wenig Wasser schmoren lassen, bis sie zart sind. Dann nur die Stangen mit der Sahne, der Milch, dem Tofu, einer Prise Muskat, Pfeffer und dem Salz pürieren. Die Mischung auf die Förmchen verteilen und bei 180°C 15-20 min. in den Ofen schieben. Noch warm servieren.

Rohes Gemüse mit Tofu-Olivencreme

15 Minuten ■ Schwierigkeitsgrad

Für 4 Personen: 180 g Tofu, 6 Möhren, 3 Fenchelknollen, 1 Stangensellerie, 1 Tasse schwarze Oliven, ½ Tasse Kapern, ¼ Zitrone, 1 Teelöffel Apfelessig, 3 Esslöffel kaltgepresstes Olivenöl.

Den Tofu zerkleinern und in einem Topf 5 Minuten lang kochen. Den Tofu nach dem Abgießen zusammen mit der Zitrone, den Oliven, Kapern, dem Öl und Essig pürieren, so dass eine Creme entsteht. Die Möhren schälen und den Fenchel und Sellerie waschen, dann das Gemüse in kleine Streifen schneiden und auf einer Servierplatte mit der Creme anrichten.

Zwiebelspieße

35 Minuten ■ Schwierigkeitsgrad

Für 4 Personen: 4 rote Zwiebeln, Paprikapulver, 50 ml kaltgepresstes Olivenöl, Salz.

Die Zwiebeln schälen und putzen und der Länge nach in Viertel schneiden, dann in eine Suppenschüssel legen, mit Öl bedecken und ca. 1 Stunde ruhen lassen. Nach Ablauf dieser Zeit die Zwiebeln auf Holzspieße stecken und 20 Minuten lang grillen, wobei sie oft gedreht werden sollten. Die Spieße nach dem Grillen auf einem Teller anrichten und mit einer Prise Paprikapulver und Salz würzen und heiß servieren.

Tempuraspieße

35 Minuten ■ Schwierigkeitsgrad

Für 4 Personen: *6 Blumenkohlröschen, 3 Spargelstangen, 2 Frühlingszwiebeln, 1 Zucchini, 1 Karotte, Mehl, Sojaöl.*

Den Blumenkohl und die geputzte Karotte nur so lange dünsten, dass sie bissfest bleiben. Die Karotte und die Zwiebeln in 6 gleich große Stücke teilen. Auch die Zucchini säubern und schneiden. Die Spargelstiele der Länge nach durchschneiden. Ein Stück von jedem Gemüse auf die Spieße stecken. Den Teig vorbereiten: In einer Schüssel 6 Esslöffel Mehl mit 2 Eiswürfeln und einigen Esslöffeln Eiswasser vermischen. Die Spieße darin wenden, bis sie gut mit Teig bedeckt sind. In viel heißem Öl braten. Auf Küchenkrepp abtropfen lassen, salzen und servieren.

Paprikaröllchen mit Kapern

1 Stunde ■ Schwierigkeitsgrad

Für 4 Personen: *1 rote Paprika, 1 gelbe Paprika, Paniermehl, 1 Knoblauchzehe, Kapern, Oregano, kaltgepresstes Olivenöl, Salz, Pfeffer.*

Die Paprikaschoten waschen und hälfteln, im heißen Ofen unter dem Grill grillen, bis die Haut leicht braun wird. Die Paprika in eine Plastiktüte stecken, um sie „schwitzen" zu lassen, dann enthäuten und in Streifen schneiden. Den geschnittenen Knoblauch in einer Pfanne mit Öl anbraten, bis er golden ist, 6-7 gehackte Kapern und das Paniermehl hinzufügen. Das Ganze bei kleiner Flamme unter ständigem Rühren rösten. Oregano, Salz und Pfeffer hinzufügen, dann den Knoblauch herausnehmen. Auf jeden Paprikastreifen eine Kaper legen, mit dem gerösteten Paniermehl bedecken und aufrollen, mit einem Zahnstocher verschließen und bei 200°C 4–5 Minuten lang im Ofen backen.

ERSTER GANG – PRIMI PIATTI: PASTA, REIS, PIZZA UND SUPPE

Linsen-Couscous

 30 Minuten ■ Schwierigkeitsgrad

Für 4 Personen: 250 g Couscous, 300 g rote geschälte Linsen, Wasser, 1 Stange Lauch, 400 ml Gemüsebrühe, 1 Esslöffel Curry, 4 Esslöffel kaltgepresstes Olivenöl, Salz.

Den Couscous bei mittlerer Temperatur in einem mit Öl eingefetteten Topf rösten. Langsam heißes, kaum gesalzenes Wasser dazu gießen (2 Tassen Wasser für jede Tasse Couscous). Den Herd ausstellen, den Topf mit dem Deckel zudecken und 5 Minuten ruhen lassen. Den Lauch sehr fein hacken und in einer Extrapfanne zusammen mit dem Curry im Öl anbraten. Die Linsen sorgfältig waschen und zum Lauch geben, gut durchrühren, damit sie aromatisiert werden. 300 ml Gemüsebrühe zu den Linsen geben, ein wenig Salz hinzufügen und 20 Minuten kochen lassen. Sobald die Flüssigkeit absorbiert ist, die restliche Brühe nach und nach dazugeben. Den Couscous mit einer Gabel umrühren, die gekochten Linsen hinzufügen und das Ganze mit einem Holzlöffel vermischen.

Crêpes

 15 Minuten ■ Schwierigkeitsgrad

Für 4 Personen: *125 g Mehl, 250 g Sojamilch,
2 Esslöffel kaltgepresstes Olivenöl, Salz.*

Das Mehl in eine Schüssel geben, die Sojamilch hinzufügen und vermischen, bis der klassische, nicht zu dickflüssige Crêpeteig entsteht, eine Prise Salz hinzufügen und kräftig mit einem Küchenquirl schlagen. Eine beschichtete Pfanne mit ein wenig Öl erhitzen, eine kleine Kelle Teig in die Pfanne geben und diese hin und her wenden, so dass sich der Teig verteilt. Die Crêpe nach 2 Minuten wenden und braten, bis sie eine schöne goldene Farbe bekommt. Nach Belieben füllen.

Weizen mit Gemüse

 50 Minuten ■ Schwierigkeitsgrad

Für 4 Personen: *400 g gemahlener Weizen,
50 g getrocknete Pilze, 4 Lauchstangen, 6 Karotten, 4 Tomaten,
4 Zwiebeln, 4 Esslöffel kaltgepresstes Olivenöl, Salz, Pfeffer.*

Den Lauch, die Karotten und Zwiebeln in feine Stücke schneiden. Die Tomaten in 4 Teile teilen. Das Öl in einen Topf geben und das ge-

schnittene Gemüse und den Weizen hinzufügen. Die Pilze dazugeben, salzen und pfeffern. 30 Minuten kochen lassen.

Brennnessel-Farfalle

 35 Minuten ■ Schwierigkeitsgrad

Für 4 Personen: 350 g Farfalle (Pastasorte), 500 g Brennnesselspitzen, 2 Knoblauchzehen, 4 Esslöffel Paniermehl, 4 Esslöffel kaltgepresstes Olivenöl, Salz.

Die Brennnesseln waschen; 2 Esslöffel Öl in einen Topf geben, die Brennnesseln hinzufügen und bei mittlerer Hitze 15 Minuten kochen lassen. Einen Topf mit gesalzenem Wasser zum Kochen bringen und die Farfalle hineingeben. Den gehackten Knoblauch in einem niedrigen Topf mit einem Esslöffel Öl anbraten, bis er golden wird; das Paniermehl hinzufügen und auf niedriger Flamme unter ständigem Rühren rösten. Die Pasta abgießen und mit den Brennnesseln und dem verbliebenen Öl anmachen; zum Abschluss jeden Teller mit etwas Paniermehl und Knoblauch garnieren.

Linguine mit Pilzen und Oliven

 30 Minuten ■ Schwierigkeitsgrad

Für 4 Personen: 350 g Linguine (Pastasorte), 350 g Pilze, 100 g schwarze Oliven, 8 Pfefferminzblätter, 2 Knoblauchzehen, 3 Esslöffel Petersilie, 8 Esslöffel kaltgepresstes Olivenöl, 6 Esslöffel kochendes Wasser, Salz, Pfeffer.

Den gehackten Knoblauch und die gehackte Petersilie in einer Pfanne vermischen und im Öl anbraten. Die in Stücke geschnittenen Pilze hinzufügen und kochen lassen, bis die Kochflüssigkeit absorbiert ist. Die gehackten Oliven, die Minze, Salz, Pfeffer und das kochende Wasser hinzufügen und weitere 5 Minuten kochen lassen. Die Linguine in reichlich gesalzenem Wasser kochen und mit der Sauce anmachen.

Hirsegratin

60 Minuten ■ Schwierigkeitsgrad

Für 4 Personen: 2 Tassen Hirse, 800 g Blumenkohl, 6 Esslöffel Vollkornpaniermehl, 2 Esslöffel Tamari, 4 Esslöffel Sonnenblumenöl, Salz.

Die Hirse mit 4 Teilen leicht gesalzenem Wasser 40 Minuten lang kochen. In der Zwischenzeit den Blumenkohl putzen und waschen, in Röschen aufteilen und in etwas kochendem, gesalzenem Wasser ca. 20 Minuten lang dünsten. Eine Schicht Hirse in einer leicht eingeölten Form verteilen, mit dem Blumenkohl bedecken, mit Öl und Tamari aromatisieren und mit der verbleibenden Hirse bedecken. In den auf 200°C vorgeheizten Ofen schieben und 15 Minuten backen.

Weizensuppe

30 Minuten ■ Schwierigkeitsgrad

Für 4 Personen: 200 g frische oder getrocknete Saubohnen, 200 g Weizen, 3 Zwiebeln, 1 Bund Koriander, rote Chili, 1 l Gemüsebrühe, Salz.

Die Saubohnen zusammen mit dem Weizen hacken und das Ganze zusammen mit der Brühe in einen Topf geben. Die Chili und die gehackten Zwiebeln hinzufügen, salzen, pfeffern und zum Kochen bringen. 5 Minuten vor Beendigung des Kochens den gehackten Koriander hinzufügen.

Pizza

60 Minuten ■ Schwierigkeitsgrad

Für 4 Personen: 150 g Sauerteig, 500 g Mehl, lauwarmes Wasser, 1 Dose geschälte Tomaten, 1 Stück Tofu, Oregano, kaltgepresstes Olivenöl, Salz.

Das Mehl mit dem Salz in eine Schüssel geben; den Sauerteig in die Mitte legen. Mit den Händen unter Hinzufügen von ausreichend Wasser kneten, so dass ein weicher und elastischer Teig entsteht. Den Teig mit einem Tuch abdecken und 2 Stunden lang gehen lassen.
Den Teig erneut kneten, dann mit der Küchenrolle ausrollen und auf ein Blech legen; erneut zudecken und weitere 2 Stunden gehen lassen. Den Ofen auf 200°C vorheizen. Die geschälten Tomaten, eine Prise Salz, 2 Esslöffel Öl und ein wenig Oregano in einer Schüssel mischen. Die so erhaltene Sauce auf der Pizza verteilen und in den Ofen schieben. Die Pizza nach 15 Minuten aus dem Ofen holen, den Tofu auf ihr verteilen und für weitere 10 Minuten in den Ofen schieben.

Pilzpolenta

 50 Minuten ■ Schwierigkeitsgrad

Für 4 Personen: 220 g Maismehl, 400 g frische Pilze, 50 g Tomaten-sauce, 2 Knoblauchzehen, 1 Esslöffel gehackte Petersilie, 100 g Zwiebeln, 750 ml Wasser, 4 Esslöffel kaltgepresstes Olivenöl, Salz.

Das Öl in einen Topf geben, die fein geschnittene Zwiebel, die Toma-tensauce und die grob geschnittenen Pilze dazugeben, salzen und bei mittlerer Hitze kochen. In der Zwischenzeit das Wasser in einem Topf zum Kochen bringen, das Mehl nach und nach unter ständigem Rühren hin-eingeben, um Klumpenbildung zu vermeiden. Wenn die Polenta glatt ge-worden ist, die Temperatur zurückstellen und sie 30 Minuten kochen las-sen, dabei mit dem Rühren fortfahren. Die Pilze vom Herd nehmen und Knoblauch und Petersilie hinzufügen. Die Polenta auf einer breiten Ser-vierplatte anrichten; die Pilze in die Mitte geben und servieren.

Aromatisierter Vollkornreis

 50 Minuten ■ Schwierigkeitsgrad

Für 4 Personen: 4 Tassen Vollkornreis, 100 g Zwiebeln,
1 Esslöffel gehackte Petersilie, 1 Esslöffel gehackter Thymian,
1 Teelöffel geriebene Zitronenschale, Muskatnuss,
12 Tassen Wasser, 2 Esslöffel kaltgepresstes Olivenöl, Salz.

Den Reis abspülen und abtropfen lassen, ihn dann 45 Minuten lang in einem zugedeckten Topf ohne Umrühren mit 12 Tassen Wasser kochen lassen. 10 Minuten bevor der Reis gekocht ist, die Zwiebel hacken und im Öl anbraten, bis sie glasig wird, eine Prise Muskat, die geriebene Zitronenschale, die Petersilie und den Thymian hinzufügen. Wenn der Reis gekocht ist, das Dressing hinzufügen und das Ganze sorgsam mischen. Den so angemachten Reis noch 5 Minuten kochen lassen und dann servieren.

Gebackener Vollkornreis mit Tofu

 30 Minuten ■ Schwierigkeitsgrad

Für 4 Personen: 1 Tasse gedünsteter Vollkornreis,
320 g gepresster Tofu, eine große Zwiebel, 1 Tasse Paniermehl,
50 g Hefeflocken, 1 Tasse Sojamilch, 4,5 Esslöffel kaltgepresstes
Olivenöl, 1,5 Esslöffel pflanzliche Margarine,
1 Teelöffel Salz, 1 Prise Pfeffer.

Den Ofen auf 180°C vorheizen. In einer Pfanne 2 Esslöffel Öl und die Margarine erhitzen, die fein gehackte Zwiebel hinzufügen und gut anbraten. Den Vollkornreis hinzufügen und ihn 2 Minuten das Aroma annehmen lassen, dann den Tofu, Salz und Pfeffer hinzufügen und einige Minuten anbraten. Das Ergebnis in eine mit dem verbliebenen Öl eingefettete Form geben, die Milch darüber gießen und das Paniermehl und die Hefeflocken darauf verteilen. In den Ofen schieben und 20 Minuten backen lassen.

Linsen-Risotto

 40 Minuten ■ Schwierigkeitsgrad

Für 4 Personen: 1 Tasse Linsen, 1 Tasse Vollkornreis, ½ Stange Lauch, 1 Karotte, 1 Esslöffel Sojasauce, 4 Teelöffel Nori in Pulverform, 1 Esslöffel Hefeflocken, Gemüsebrühe, 2 Esslöffel kaltgepresstes Olivenöl.

1 Esslöffel Öl, die fein gehackte Karotte und den fein gehackten Lauch in einen Topf geben und einige Minuten anbraten lassen. Den Vollkornreis und die Linsen sorgsam unter fließendem Wasser waschen und zum Angebratenen dazugeben; einige Minuten rösten lassen und dann die Sojasauce hinzufügen. Die Brühe nach und nach hinzufügen, so dass das Risotto nicht ansetzt und die Brühe nach und nach absorbiert. Wenn das Risotto fertig ist, den Herd ausstellen und einen Esslöffel Öl und die Hefe hinzufügen. Das Risotto vor dem Servieren mit Nori bestreuen.

Reisspaghetti mit geräuchertem Tofu und Gemüse

25 Minuten ■ Schwierigkeitsgrad

Für 4 Personen: 400 g Reisspaghetti, 150 g geräucherte Tofuwürfel, 1 Karotte, 1 Schalotte, 1 Zucchini, 1 Selleriestange, 2 Esslöffel Sojasauce, 1 Esslöffel Sesamöl, ½ Esslöffel gerösteter Sesam.

Die Karotte, die Schalotte, den Sellerie und die Zucchini in kleine Stücke schneiden. Die Reisspaghetti in kochendem Wasser kochen, abgießen, in einen Teller geben und mit etwas Sesamöl anmachen, so dass sie nicht kleben. Das Öl und die Sojasauce im Wok erwärmen; das Gemüse und den Tofu dazugeben und 10 Minuten lang dünsten. Die Spaghetti hinzufügen und 5 Minuten dünsten. Die Spaghetti sehr heiß mit Sesam bestreut servieren.

Reisspaghetti mit Sojasprossen

 20 Minuten ■ Schwierigkeitsgrad

Für 4 Personen: 400 g Reisspaghetti, 200 g Sojasprossen, 2 Knoblauchzehen, ½ rote Chilischote, 1 Esslöffel gehackte Petersilie, 3 Esslöffel kaltgepresstes Olivenöl, Salz.

Wasser in einem Topf zum Kochen bringen, Salz hineingeben und die Spaghetti darin 15 Minuten kochen lassen. In der Zwischenzeit Öl in einen Topf geben, die Chili, den gehackten Knoblauch und die Sojasprossen hinzufügen, salzen und unter häufigem Rühren bei geringer Hitze kochen. Die Spaghetti abgießen und mit den Sprossen anmachen. Mit der gehackten Petersilie garnieren und servieren.

Reisspaghetti mit Gemüse und Ingwer

 25 Minuten ■ Schwierigkeitsgrad

Für 4 Personen: 400 g Reisspaghetti, 1 Karotte, 1 Stange Lauch, 4 Shiitake-Pilze, 3 cm frischer Ingwer, 2 Esslöffel Sesamöl, 2 Esslöffel Sojasauce.

Die Shiitake-Pilze 30 Minuten in warmem Wasser einweichen lassen; abgießen und in dünne Scheibchen schneiden. Die Karotte, den Ingwer und den Lauch in feine Streifen schneiden. Die Reisspaghetti in kochendem Wasser kochen, abgießen, auf einen Teller geben und mit etwas Sesamöl anmachen, so dass sie nicht kleben.
Das Öl und die Sojasauce im Wok erwärmen; das Gemüse dazugeben und 10 Minuten lang dünsten. Die Spaghetti hinzufügen und einige Minuten dünsten. Die Spaghetti sehr heiß servieren.

Walnuss-Tagliatelle

 20 Minuten ■ Schwierigkeitsgrad

Für 4 Personen: 350 g Tagliatelle, 150 g Walnusskerne, 1 Knoblauch-zehe, 100 g Petersilie, 8 Esslöffel kaltgepresstes Olivenöl, Salz, Pfeffer.

Die Walnüsse, den Knoblauch, die Petersilie und das Öl in einer Küchen-maschine zerkleinern. Salzen und pfeffern. Die Tagliatelle kochen und mit der Sauce anmachen.

Saubohnen-Tofu-Cremesuppe

 40 Minuten ■ Schwierigkeitsgrad

Für 4 Personen: 200 g getrocknete Saubohnen, 150 g weicher Tofu, 3 cm Kombu Alge, 1 Schalotte, 1 Esslöffel frischer gehackter Thymian, 4 Teelöffel Miso, 1 Esslöffel kaltgepresstes Olivenöl, 2 Tassen Wasser.

Saubohnen und Alge 10 Stunden lang in kaltem Wasser einweichen. Nach Ablauf dieser Zeit beides sorgfältig abspülen, in einen Dampf-kochtopf geben, mit Wasser bedecken und ab dem Pfeifton 20 Minu-

ten kochen lassen. In einem anderen Topf die gehackte Schalotte im Öl anbraten; die Saubohnen hinzufügen und 5 Minuten dünsten lassen. 2 Tassen Wasser hinzufügen, salzen und zum Kochen bringen. Den Topf vom Herd nehmen, den Tofu und den in etwas lauwarmem Wasser aufgelösten Miso hinzufügen und mit dem Pürierstab pürieren, bis man eine Creme erhält. Die heiße Cremesuppe mit Brotcroutons servieren.

Gewürzte Kürbis-Apfel-Cremesuppe

50 Minuten ■ Schwierigkeitsgrad

Für 4 Personen: *350 g Kürbis, 1 roter Apfel, 1 gelbe Zwiebel, Kardamom, Piment, Kurkuma, Zimt, Gemüsebrühe, Sojamilch, 2 Esslöffel Sesamöl, Salz, weißer Pfeffer, Croutons.*

Die Zwiebel in feine Scheiben schneiden und mit einer Prise Salz im Öl dünsten, dann den in kleine Stücke geschnittenen Kürbis und den Apfel hinzufügen, die Gewürze (eine Prise von jedem) und das Salz dazugeben, je zur Hälfte mit Gemüsebrühe und Sojamilch gerade eben bedecken, dann 40 Minuten kochen lassen. Mit dem Pürierstab pürieren, bis man eine glatte und klumpenfreie Creme erhält, mit Salz abschmecken und mit Croutons heiß servieren.

Blumenkohl-Algen-Suppe

 35 Minuten ■ Schwierigkeitsgrad

Für 4 Personen: _1 mittlerer Blumenkohl, 3 cm Kombu Alge, 2 Zwiebeln, 2 Blätter Wirsingkohl, 2 Teelöffel Sesamöl, Tamari._

Die Alge waschen und mit 3 Tassen Wasser 5 Minuten in einem Topf einweichen lassen. Den Topf auf den Herd stellen und 5 Minuten kochen lassen. Den Blumenkohl säubern und schneiden; die Wirsingblätter und die Zwiebel waschen und in Streifen bzw. Ringe schneiden. Das Öl in einer Pfanne erhitzen und das Gemüse 5 Minuten lang dünsten, die Kombu Alge und ihr Einweichwasser zu dem Gemüse geben und 20 Minuten kochen lassen. Mit einigen Tropfen Tamari würzen und servieren.

Gerstensuppe

40 Minuten ■ Schwierigkeitsgrad

*Für 4 Personen: 4 Esslöffel Gerstenflocken, 100 g Zwiebel,
100 g Karotten, 100 g Fenchel, 1 Esslöffel gehackte Petersilie,
4 Tassen Wasser, 3 Esslöffel kaltgepresstes Olivenöl, Salz.*

Das Gemüse putzen, waschen und in kleine Würfel schneiden. Das Öl
in einen Topf geben, die gehackte Zwiebel darin anbraten, bis sie glasig
wird, die Karotten und den Fenchel hinzufügen und einige Minuten anbraten lassen, dann das Wasser hinzufügen, zudecken und bei mittlerer
Hitze 20 Minuten lang kochen lassen.

In der Zwischenzeit die Gerstenflocken in einer Pfanne ohne Öl unter
ständigem Rühren rösten, die Flocken in die Suppe geben, salzen und
weitere 10 Minuten kochen lassen. Zum Abschluss mit Petersilie garnieren und servieren.

Gemüsesuppe

 1 Stunde und 30 Minuten ■ Schwierigkeitsgrad

Für 4 Personen: 300 g Erbsen, 5 Salatblätter, 5 Blätter Mangold, 1 Kohlkopf, 1 Zwiebel, 4 Kartoffeln, 2 Karotten, 2 Selleriestangen, 2 Tomaten, 2 Knoblauchzehen, 4 große Brotscheiben, Petersilie, 1 l Gemüsebrühe, 100 g kaltgepresstes Olivenöl, Salz, Pfeffer.

Die fein geschnittene Zwiebel in einem großen Topf in Öl anbraten. Das Gemüse mit Ausnahme der Erbsen in Stücke schneiden und zur angebratenen Zwiebel geben, salzen, pfeffern, mischen und das Ganze anbraten, dann die Brühe hinzufügen und bei geringer Hitze zugedeckt weiterkochen.
Nach der Hälfte der Kochzeit die Erbsen dazugeben; 10 Minuten, bevor der Topf vom Herd genommen wird, den gehackten Knoblauch und die gehackte Petersilie dazugeben. Die Brotscheiben im Ofen rösten, in eine Suppenschüssel legen, die Suppe darübergießen und servieren.

Weizensteak

 15 Minuten ■ Schwierigkeitsgrad

*Für 4 Personen: 300 g gemahlener Weizen, 3 Zwiebeln,
50 g getrocknete Pilze, 1 Bund Petersilie, 3 Esslöffel
kaltgepresstes Olivenöl, 1 Esslöffel Agavendicksaft, Salz, Pfeffer.*

Die Zwiebeln, Pilze und Petersilie fein hacken, Salz und Agavendicksaft hinzufügen, dann den Weizen einarbeiten und aus dem Teig Steaks formen. Öl in eine Pfanne geben und darin 5 Minuten braten.

Aromatisiertes Sojasteak

 10 Minuten ■ Schwierigkeitsgrad

*Für 4 Personen: 4 Sojasteaks, Zwiebel, Stangensellerie, Salbei,
Rosmarin, kaltgepresstes Olivenöl, Salz.*

Gesalzenes Wasser zum Kochen bringen, die Sojasteaks so lange darin eintauchen, wie es die Packungsanweisung vorgibt, dann abtropfen lassen und ausdrücken. Etwas Öl in eine Pfanne geben, die fein geschnittene Zwiebel und den gehackten Sellerie darin einige Minuten anbraten. Die Steaks in die Pfanne geben, ein paar Rosmarinzweige und ein paar Salbeiblätter hinzufügen und braten.

Kichererbsen und Kartoffeln

45 Minuten ■ Schwierigkeitsgrad

Für 4 Personen: ½ kg Kichererbsen, ½ kg Kartoffeln, 1 Zwiebel, 2 Knoblauchzehen, 4 Cocktailtomaten, 1 Petersilienstängel, 4 Esslöffel kaltgepresstes Olivenöl, Paprikapulver, Salz, Pfeffer.

Die Kichererbsen einen ganzen Tag lang einweichen lassen und dann in Salzwasser kochen. Wenn sie fast gar sind, die geschälten und in kleine Stücke geschnittenen Kartoffeln hinzufügen. Das Öl in einer Pfanne erhitzen und die gehackte Zwiebel und die Knoblauchzehen anbraten. Die Tomaten enthäuten und entkernen; zum Angebratenen dazugeben, salzen, pfeffern und kochen lassen, zum Abschluss noch eine Prise Paprikapulver und gehackte Petersilie hinzufügen. Die Kichererbsen und Kartoffeln zu den Tomaten geben und 15 Minuten lang auf kleiner Flamme weiterkochen

Gemüsehörnchen

1 Stunde ■ Schwierigkeitsgrad

Für 4 Personen: 170 g Mehl, 100 ml Wasser, 4 Esslöffel Keimöl, Salz.
Für die Füllung: 150 g Erbsen, 4 gekochte Kartoffeln, 1 Zwiebel, 3 Esslöffel Petersilie, 1 Esslöffel frisch geriebener Ingwer, 1 Teelöffel Korianderpulver, 1 Teelöffel Kümmelpulver, eine frische grüne Chilischote, rotes Chilipulver, ½ Zitrone, 4 El. Wasser, kaltgepresstes Olivenöl, Erdnussöl zum Braten, Salz.

Mehl, Salz und Öl in einer großen Schüssel mischen und die Zutaten verkneten, bis ein krümeliger Teig entsteht. Das Wasser unter ständigem Kneten des Teigs, der nicht zu weich werden darf, nach und nach hinzufügen. Den Teig aus der Schüssel nehmen und auf einer stabilen Arbeitsfläche ca. 10 Minuten kräftig durchkneten. Den Teig in ein Stück Folie einwickeln und eine Stunde in den Kühlschrank legen.

Die Zwiebel in Scheiben schneiden und in etwas Öl anbraten. Den Ingwer und die gehackte grüne Chili, die Erbsen, Petersilie und 4 Esslöffel Wasser hinzufügen. Mit dem Deckel abdecken und 10 Minuten kochen lassen. Die in kleine Stücke geschnittenen Kartoffeln, die Gewürze, eine Prise rote Chili und den Zitronensaft hinzugeben, salzen, gut vermischen und noch 5 Minuten kochen lassen, vom Herd nehmen und abkühlen lassen.

Den Teig aus dem Kühlschrank nehmen und 1 Minute lang kneten, damit er weich wird; in 12 Kugeln teilen, daraus Scheiben mit einem Durchmesser von ca. 15 cm formen. Jede Scheibe mit einem Messer in der Mitte durchteilen und jede halbe Scheibe so aufrollen, dass ein Hörnchen entsteht, die aufeinanderliegenden Ränder durch Anfeuchten mit Wasser gut versiegeln. Die Hörnchen mit der Gemüsemischung füllen und durch Knicken des oberen Teigabschnitts verschließen.

Reichlich Öl erhitzen, die Hörnchen darin eintauchen und von beiden Seiten goldbraun braten.

Muscolo di Grano-Filets mit grünem Pfeffer

45 Minuten ■ Schwierigkeitsgrad

Für 4 Personen: _4 Scheiben Muscolo di Grano-Filet, 4 Esslöffel Brandy, 100 ml Sojasahne, 40 g Sojabutter, Salz, 3 Esslöffel grüne Pfefferkörner._

2 Esslöffel grüne Pfefferkörner grob mit einem Mörser zerstampfen und die Muscolo di Grano-Filets darin von beiden Seiten wenden. Die Butter in einer Pfanne schmelzen, die Filets darin auf beiden Seiten 3 Mi-

nuten schmoren lassen und salzen, dann aus der Pfanne nehmen und warm halten. Den Brandy in die Pfanne geben, in dem die Filets gebraten wurden, und entflammen lassen, die Flamme löschen und die Sahne und den letzten Esslöffel des grünen Pfeffers zum Brandy hinzufügen. Die Filets wieder in die Pfanne legen und die Sauce 2 Minuten lang einwirken lassen, dann servieren.

Kürbisblüten auf griechische Art

 25 Minuten ■ Schwierigkeitsgrad

Für 4 Personen: 100 g gekochter Reis, 24 Kürbisblüten, 1 Zwiebel, 2 Tomaten, 3 Knoblauchzehen, Petersilie, Pfefferminze, ½ Fenchelknolle, kaltgepresstes Olivenöl, Salz, Pfeffer.

Die Zwiebel, die Tomaten, den Knoblauch, die Petersilie, die Minze und den Fenchel hacken, den gekochten Reis hinzufügen und vermischen. Mit der so erhaltenen Mischung die Blüten füllen. Einen ofenfesten Topf einfetten, die Blüten hineinlegen, salzen, pfeffern und mit dem Deckel zudecken. 15 Minuten lang im Ofen backen.

Kichererbsen-Zucchini-Frittata

20 Minuten ■ Schwierigkeitsgrad

Für 4 Personen: : 3 Zucchini, 10 Esslöffel Kichererbsenmehl, Kümmel, kaltgepresstes Olivenöl, Salz.

Die Zucchini 15 Minuten lang dämpfen und dann in Stückchen schneiden. Das Kichererbsenmehl in eine Schüssel geben, ein wenig Salz hinzufügen und nach und nach unter Rühren mit einer Gabel Wasser dazugeben, bis der Teig ausreichend dickflüssig erscheint. Einen Esslöffel Olivenöl in einer beschichteten Pfanne erhitzen, den Mehlteig hineingeben und die Zucchini hinzufügen, mit dem Deckel abdecken und bei hoher Temperatur weitergaren. Die Frittata nach einigen Minuten wenden, den Deckel wieder drauflegen und noch 2 Minuten braten lassen.

Vegane Hamburger

30 Minuten ■ Schwierigkeitsgrad

Für 4 Personen: 400 g gedünstete Cannellini-Bohnen, 150 g Zucchini, 1 Zwiebel, 1 Teelöffel Kümmelpulver, 1 Teelöffel Ingwerpulver, 2 Esslöffel gehackte Petersilie, Mehl, Keimöl, Salz, Pfeffer.

1 Esslöffel Öl in einer Pfanne erhitzen und die fein gehackte Zwiebel darin anbraten, die Gewürze hinzufügen und das Aroma einige Minuten einziehen lassen, dann die in kleine Stückchen geschnittenen Zucchini dazugeben und 10 Minuten unter gelegentlichem Umrühren kochen lassen, dann vom Herd nehmen und abkühlen lassen.
Die Bohnen mit einem Kartoffelstampfer zerstampfen. Bohnen, Zucchi-

ni und Petersilie in eine Schüssel geben, salzen, pfeffern und gut vermischen. Die Mischung in 4 Teile teilen; jedem Teil die Form eines Hamburgers geben und in Mehl wenden. Öl in einer Pfanne erhitzen und die Hamburger darin ca. 10 Minuten von beiden Seiten braten.

Tempehrouladen in Kohlblättern

 40 Minuten ■ Schwierigkeitsgrad

*Für 4 Personen: 8 Kohlblätter, ½ Stück Tempeh,
1 Handvoll Erbsen, 1 Zwiebel, 6 Blätter frische Minze,
1 Esslöffel Tahin, 1 Teelöffel Senf, 1 Teelöffel Reismiso,
1 Esslöffel Tamari, 1 Esslöffel Reisessig,
kaltgepresstes Olivenöl, Salz.*

Die Kohlblätter in kochendem Wasser blanchieren. Öl in einer Pfanne erhitzen und die fein gehackte Zwiebel mit einer Prise Salz darin anbraten, das in Würfel geschnittene Tempeh und die Erbsen dazugeben, mit Tamari und Essig anmachen, zudecken und bei geringer Hitze 25 Minuten dünsten lassen.

Das Tahin, den Miso und Senf mit etwas Wasser in eine Schüssel geben, bis man eine ausreichend flüssige Sauce erhält, dann das Tempeh mit der so erhaltenen Sauce anmachen, wobei man 2 Esslöffel der Sauce zurückbehält, und abkühlen lassen. Wenn die Mischung Zimmertemperatur erreicht hat, auf die abgetropften und auf einem Tuch getrockneten Kohlblätter streichen und dann aufrollen. Die Minze hacken und zu der zurückbehaltenen Sauce hinzufügen und vermischen. Die Rouladen auf einer Servierplatte anrichten und vor dem Servieren mit der Minzsauce garnieren.

Muscolo di Grano mit Curry

 25 Minuten ■ Schwierigkeitsgrad

Für 4 Personen: 450 g Muscolo di Grano in Stücken; 1 Schalotte, 1 Orange, ½ Teelöffel Curry, 1 kleine Chilischote, Mehl, 150 ml Gemüsebrühe, kaltgepresstes Olivenöl, Salz, Pfeffer.

Die fein gehackte Schalotte in einer Pfanne in Öl anbraten, unterdessen die Muscolo di Grano-Stücke im Mehl wenden und dann im Zwiebelsud anbraten. Ein paar fein geschnittene Streifen Orangenschale (wobei das Weiße zu entfernen ist) und 2 Esslöffel Orangensaft und zuletzt die Brühe hinzufügen, die Brühe nach und nach verdampfen lassen, salzen und pfeffern. Wenn die gesamte Brühe aufgesogen ist, die verbliebene Orangenschale reiben und unter sorgfältigem Rühren hinzufügen. Zum Abschluss den Curry dazugeben, zudecken und das Ganze vom Herd nehmen und vor dem Servieren 5 Minuten ruhen lassen.

Kirchererbsenfrikadellen

 20 Minuten ■ Schwierigkeitsgrad

Für 4 Personen: 2 Dosen Kichererbsen, 1 Zwiebel, Petersilie, Paniermehl, kaltgepresstes Olivenöl, Salz, Pfeffer.

Die Kichererbsen abgießen und mit einer Gabel zerdrücken, die Zwiebel fein hacken und zu den Kichererbsen hinzufügen, dann Salz, Pfeffer, gehackte Petersilie und ein wenig Öl dazugeben. Die Zutaten gut vermischen und mit den Händen walnussgroße Frikadellen formen und im Paniermehl wälzen. Die kleinen Frikadellen einige Minuten im kochenden Öl braten und heiß servieren.

Tempeh-Frikadellen

15 Minuten ■ Schwierigkeitsgrad

Für 4 Personen: 300 g Tempeh am Stück, 1 kleine Zwiebel, 1 Bund frischer Schnittlauch, Sesam, 2 Esslöffel Weizensprossen, 2 Esslöffel Haferflocken, Paniermehl, kaltgepresstes Olivenöl, Salz.

Den Tempeh zerbröseln und die Zwiebel und den Schnittlauch hacken, das Kleingehackte mit dem Sesam vermischen, die Weizensprossen und Haferflocken hinzufügen und das Ganze miteinander vermengen, bis sich eine weiche Mischung ergibt. Die Mischung mit den Händen kneten und etwas Paniermehl hinzufügen, damit sie kompakter wird und die richtige Konsistenz zum Formen von Frikadellen erhält. Die Frikadellen im verbliebenen Paniermehl wälzen und in einer Pfanne mit etwas Öl 10 Minuten lang braten und dabei wiederholt wenden, damit sie von allen Seiten goldbraun werden.

Veganer Hackbraten

 1 Stunde und 20 Minuten ■ Schwierigkeitsgrad

Für 4 Personen: 1,5 Tassen Vollkornreis, 200 g Tofu, 1 Zucchini, 1 rote Zwiebel, Salbei, Rosmarin, 1 Teelöffel Miso, Paniermehl, kaltgepresstes Olivenöl, Salz.

Den Vollkornreis 30 Minuten lang kochen und dann abgießen. 2 Esslöffel Öl, den Miso, der zuvor in zwei Fingerbreit warmem Wasser aufgelöst wurde, die gehackte Zwiebel und die in kleine Würfel geschnittene Zucchini in einen Topf geben und kochen.

Das gekochte Gemüse, den gekochten Reis, den zerteilten Tofu, eine Prise Salz, ½ Esslöffel gehackten Salbei und ½ Esslöffel gehackten Rosmarin in einen Topf geben und mit den Händen unter Hinzufügen von ausreichend Paniermehl kneten, so dass ein kompakter, aber nicht harter Teig entsteht. Die Mischung in eine eingefettete und mit Mehl bestäubte, rechteckige Kuchenform geben und im auf 180°C vorgeheizten Ofen 40 Minuten backen.

Tomaten provenzalischer Art

 25 Minuten ■ Schwierigkeitsgrad

Für 4 Personen: 8 große Tomaten, 30 schwarze Oliven, 4 Espressotassen Reis, Petersilie, Estragon, 1 Zitrone, kaltgepresstes Olivenöl, Salz.

Den Reis 15 Minuten kochen und dann mit kaltem Wasser abschrecken. In der Zwischenzeit den obersten Teil der Tomaten abschneiden und das Innere mit einem Esslöffel aushöhlen; das Fruchtfleisch aufbewahren. Den Reis mit dem Fruchtfleisch der Tomaten, den entkernten und gehackten Oliven und 2 Esslöffeln Estragon mischen, zum Abschluss 2 Esslöffel gehackte Petersilie, den Zitronensaft und 4 Esslöffel

Öl zu der Mischung hinzufügen. Salzen und mit der Mischung das Innere der Tomaten ausfüllen und dann servieren.

Gedünsteter Seitan

 50 Minuten ■ Schwierigkeitsgrad

Für 4 Personen: 350 g Seitan, 70 g Erbsen, 1 Blumenkohl,
2 Kartoffeln, 2 Zucchini, 3 Karotten, 1 Lauchstange,
2 Zwiebeln, 1 Knoblauchzehe, 1 Stückchen Stangensellerie,
Salbei, kaltgepresstes Olivenöl, Salz, Pfeffer.

Das Gemüse putzen, in Stücke schneiden und in einem Topf mit schwerem Boden mit 3 Fingerbreit gesalzenem Wasser und 4 Esslöffeln Olivenöl kochen, lange auf kleiner Flamme köcheln lassen. Wenn das Gemüse während des Kochens zu trocken werden sollte, Wasser hinzufügen, so dass es feucht bleibt.
Den gehackten Knoblauch und die gehackte Zwiebel in einer Pfanne mit etwas Öl anbraten; den in Würfelchen geschnittenen Seitan und einige Salbeiblätter hinzufügen und 10 Minuten kochen lassen. Nach Ablauf dieser Zeit den Seitan zum Gemüse geben, noch 5 Minuten kochen lassen und mit Salz und Pfeffer abschmecken.

Gemüsespieße

1 Stunde ■ Schwierigkeitsgrad

Für 4 Personen: 200 g Auberginen, 200 g Zucchini, 150 g Paprika,
2 Tomaten, 100 g Zwiebeln, 1 Teelöffel Kümmel, 2 Scheiben
Vollkornbrot, kaltgepresstes Olivenöl, Salz, Pfeffer.

Die Auberginen waschen und in Würfelchen schneiden, auf einem Teller

verteilen, mit grobem Salz bestreuen und mindestens 20 Minuten ruhen lassen, um sie entwässern zu lassen. In der Zwischenzeit Zucchini und Paprika in kleine Stücke schneiden, dann Öl in eine Pfanne geben, die grob zerteilte Zwiebel und den Kümmel hinzufügen und anbraten. Sobald sie glasig geworden ist, die Zwiebel aus der Pfanne nehmen, zur Seite legen und im Kochfett die Brotscheiben anbraten; die Scheiben zum Abtropfen auf Küchenkrepp legen, sobald sie goldbraun sind.

Die Auberginen abspülen, abtrocknen und zusammen mit den Zucchini und Paprika dämpfen. Wenn das Gemüse gekocht ist, die Spieße zubereiten, indem auf jeden eine halbe Tomate, Paprika, Brot, Aubergine und Zucchini gesteckt werden. Die Spieße in eine eingefettete Ofenform legen, salzen, pfeffern und mit der beiseite gelegten Zwiebel und dem Bratfett bedecken. Im Ofen 15 Minuten goldbraun backen, dann servieren.

Seitan-Spieße

🕐 20 Minuten ■ Schwierigkeitsgrad 🫖

Für 4 Personen: 4 Seitanwürstchen, 8 Cocktailtomaten, 2 gelbe Paprika, 2 Zucchini, 1 Aubergine, 2 Gurken, 8 kleine Zwiebeln.

Zucchini, Aubergine und gelbe Paprikaschoten putzen und grillen, dann erst in kleine Stücke schneiden. Die Würstchen in kleine Scheiben schneiden.
Die verschiedenen Zutaten abwechselnd auf 8 Spieße stecken, die Spieße auf einer Servierplatte anrichten und servieren.

Ingwer-Tempeh

🕐 40 Minuten ■ Schwierigkeitsgrad 🫖

Für 4 Personen: 400 g Tempeh, 1 Zwiebel, 1 Stückchen frischer Ingwer, 2 Esslöffel Tamari, 4 Esslöffel kaltgepresstes Olivenöl, Wasser.

Das Öl in einer Pfanne erhitzen und die fein gehackte Zwiebel unter ständigem Rühren anbraten. Den Tempeh in kleine Würfel schneiden, hinzufügen und 2 Minuten dünsten, dann etwas Wasser und den gehackten Ingwer hinzufügen, die Pfanne zudecken und das Ganze ca. 30 Minuten kochen lassen. Die Tamari-Sauce dazugeben und noch einige Minuten kochen lassen, bis das überflüssige Wasser verdampft ist, mischen und servieren

Herbsttörtchen

1 Stunde ■ Schwierigkeitsgrad

Für 4 Personen: 200 g frische Pilze, 2 Kartoffeln, 130 g entkernte, schwarze Oliven, 3 mittelgroße Schalotten, 1 Knoblauchzehe, Petersilie, 1 Esslöffel Sojasauce, 1 dicke Scheibe Vollkornbrot, 3 Esslöffel Buchweizen, 1 Esslöffel Sojamehl, kaltgepresstes Olivenöl, Salz.

Die fein geschnittenen Schalotten in einer Pfanne mit etwas Öl anbraten, die in kleine Stücke geschnittenen Kartoffeln hinzufügen und 10 Minuten köcheln lassen. Dann auch die in Stücke geschnittenen Pilze, die Oliven, den Knoblauch und das in Wasser aufgeweichte und danach ausgedrückte Brot dazugeben, mit der Sojasauce abschmecken und 5 weitere Minuten köcheln lassen. An diesem Punkt die Pfanne vom Herd nehmen und das Gemüse, sobald es abgekühlt ist, durch den Gemüsewolf drehen. Mehl, Salz und die Petersilie dazugeben und den Teig gut vermischen, die Mischung in eine rechteckige, eingeölte Ofenform geben und in den auf 180°C vorgeheizten Ofen schieben und 35 Minuten backen lassen. Lauwarm servieren.

Tofu-Gemüse-Törtchen mit Curry

 1 Stunde ■ Schwierigkeitsgrad

Für 4 Personen: 500 g Tofu, 2 mittlere Zucchini, 2 Karotten, 1 Knoblauchzehe, ½ Teelöffel Curry, kaltgepresstes Olivenöl, Salz.

Die Karotten und Zucchini putzen und in Scheiben schneiden, in einen Topf mit etwas Öl geben, zudecken und 15 Minuten köcheln lassen. Den Tofu pürieren, die Knoblauchzehe dazugeben und erneut pürieren. Wenn die Karotten und Zucchini gar sind, zum Tofu geben, den Curry hinzufügen und alles pürieren. Eine hohe Ofenform einfetten und die Mischung hineingeben, in den auf 180°C vorgeheizten Ofen schieben und 45 Minuten backen lassen.

BEILAGEN

Artischocken mit schwarzem Pfeffer

 15 Minuten ■ Schwierigkeitsgrad

Für 4 Personen: *8 römische Artischocken, 1 Zitrone, kaltgepresstes Olivenöl, Salz, Pfeffer.*

Die Artischocken putzen, indem man die härteren Außenblätter und die Spitzen entfernt und die Stiele kürzt; die Artischockenblätter abzupfen und für 5 Minuten in eine Schüssel mit kaltem Wasser und Zitronensaft geben; nach dem Abgießen und Abtrocknen die Innenseiten salzen und pfeffern. Die Artischocken dann in reichlich heißem Öl unter häufigem Wenden braten und zum Abschluss auf Küchenpapier legen. Vor dem Servieren erneut salzen und pfeffern.

Artischocken griechischer Art

 30 Minuten ■ Schwierigkeitsgrad

Für 4 Personen: *8 Artischocken, 1 Handvoll frischer Saubohnen, 1 Zwiebel und 4 Frühlingszwiebeln, 1 Zitrone, kaltgepresstes Olivenöl, Salz, Pfeffer.*

Die äußeren Blätter der Artischocken entfernen und nur die von eventuell vorhandenen weißen Fäden gereinigten Herzen zurückbehalten. Die Zwiebel, Frühlingszwiebeln und Saubohnen gemeinsam kleinhacken und in einen Topf geben; die Artischocken mit Zitronensaft bespritzen und hinzufügen. Mit etwas Wasser bedecken, salzen, pfeffern und zugedeckt 20 Minuten kochen lassen. 6 Esslöffel kaltgepresstes Olivenöl hinzufügen und 5 weitere Minuten ohne Deckel kochen lassen, bis das ganze Wasser verdampft ist. Vor dem Servieren abkühlen lassen.

Blumenkohl in Orange mariniert

 25 Minuten ■ Schwierigkeitsgrad

Für 4 Personen: 800 g Blumenkohl, 1 Paprika, 1 Orange, 1 Zwiebel, 1 Knoblauchzehe, Petersilie, Essig, kaltgepresstes Olivenöl, Salz.

Den Blumenkohl putzen und in Röschen teilen, dann 10 Minuten lang dämpfen. Den orangenen Teil der Orangenschale in feine Streifen schneiden und mit 5 Esslöffeln Öl, 4 Esslöffeln Essig, 2 Esslöffeln Wasser und einer Prise Salz in einen Topf geben. Wenn die Mischung mit der Orangenschale kocht, den Herd ausschalten und die gehackte Zwiebel und den gehackten Knoblauch, die gewürfelte Paprika und den Saft einer Orangenhälfte dazugeben. Das Dressing über die auf einem Teller angerichteten Blumenkohlröschen gießen; zudecken und für 12 Stunden in den Kühlschrank stellen. Die Marinade von den Röschen abgießen, sie mit reichlich gehackter Petersilie bestreuen und servieren.

Gefüllte Auberginen

 50 Minuten ■ Schwierigkeitsgrad

Für 4 Personen: 4 Auberginen, 200 g Tomaten, 2 Knoblauchzehen, Petersilie, Basilikum, kaltgepresstes Olivenöl, Salz, Pfeffer.

Die Auberginen säubern und waschen; der Länge nach halbieren, das Innere salzen und mindestens 30 Minuten auf einem Teller ruhen lassen. In der Zwischenzeit den Knoblauch und die Tomaten hacken und zu dem ebenfalls gehackten Basilikum und der Petersilie geben und salzen.
Die Auberginen abspülen; in ihrem Inneren jeweils mehrere kreuzförmige Einschnitte machen und diese mit der Mischung füllen, dann eine Form einfetten und die Auberginenhälften hineinlegen, salzen, pfeffern und im bereits vorgeheizten Ofen backen.

Lorbeerkartoffeln

 45 Minuten ■ Schwierigkeitsgrad

Für 4 Personen: 8 Kartoffeln, 24 frische Lorbeerblätter, 1 Knoblauchzehe, 4 Esslöffel kaltgepresstes Olivenöl, Salz, Pfeffer.

Die Kartoffeln waschen, schälen und jede mit 3 horizontalen, parallelen
Einschnitten versehen, dann in jeden Einschnitt 1 Lorbeerblatt legen. Salz,
Pfeffer und die ausgedrückte Knoblauchzehe mit dem Öl in einer Schüssel
mischen und die Kartoffeln mit dem so erhaltenen aromatisierten Öl bestreichen. Die Kartoffeln in eine gefettete Form legen, in den auf 180°C
vorgeheizten Ofen schieben und 30 Minuten backen. Die Kartoffeln während des Backens mehrmals wenden und mit dem Öl bepinseln.

Kartoffeln mit Äpfeln

 40 Minuten ■ Schwierigkeitsgrad

Für 4 Personen: 800 g Kartoffeln, 400 g Äpfel, einige Salatblätter,
2 Zwiebeln, kaltgepresstes Olivenöl, Salz.

Den Salat waschen, die Kartoffeln und Äpfel schälen und in Scheiben
schneiden. Die Kartoffeln und Äpfel in gesalzenem Wasser 20 Minuten kochen. In einem anderen Topf die in feine Ringe geschnittenen Zwiebeln in

ein wenig Öl anbraten und, wenn sie goldbraun sind, vom Herd nehmen und abtropfen lassen. Die Äpfel und Kartoffeln abgießen, die Zwiebeln hinzufügen und heiß auf einer Schicht von Salatblättern servieren.

Lauch mit kleinen Zwiebeln

 40 Minuten ■ Schwierigkeitsgrad

Für 4 Personen: 10 mittelgroße Lauchstangen, 40 sehr kleine Zwiebeln, 8 Esslöffel Essig, 200 ml Wasser, kaltgepresstes Olivenöl, Salz, Pfefferkörner.

Die äußere Schicht des Lauchs entfernen und ihn waschen, dann zusammen mit den geschälten Zwiebeln, dem Wasser, Öl, Essig, Salz und Pfeffer in einen Topf geben und bei geringer Hitze 30 Minuten köcheln lassen. Wenn die Kochflüssigkeit dann noch zu flüssig erscheint, ein wenig weiterkochen lassen, ohne dass sie vollständig absorbiert wird. Die Lauchstangen auf einer breiten Servierplatte anrichten, die Zwiebelchen drumherum legen und das Ganze mit der verbliebenen Kochflüssigkeit begießen. Den Lauch kalt servieren.

Püree aus getrockneten Saubohnen

 1 Stunde und 10 Minuten ■ Schwierigkeitsgrad

Für 4 Personen: 500 g trockene Saubohnen, Kümmel, süße Chili, 4 Esslöffel kaltgepresstes Olivenöl, Salz.

Die Saubohnen 24 Stunden lang einweichen lassen. Danach in reichlich Salzwasser 1 Stunde lang kochen, dann abgießen und durch den Gemüsewolf drehen. Das so erhaltene Püree einige Minuten aufwärmen; abschließend mit Öl, Kümmel und Chili abschmecken und dann servieren.

Ratatouille

⏰ 2 Stunden und 10 Minuten ■ Schwierigkeitsgrad

Für 4 Personen: 4 Auberginen, 4 Zucchini, 2 Paprika,
4 reife Tomaten, 2 Zwiebeln, 5 Knoblauchzehen, Basilikum,
kaltgepresstes Olivenöl, Salz, Pfeffer.

Das Gemüse putzen und sorgfältig waschen. Die Hälfte des Öls in einen Tontopf geben, die fein geschnittenen Zwiebeln hinzufügen und bei geringer Hitze anbraten. Die Auberginen und Zucchini in Stückchen schneiden, in eine Pfanne geben und mit dem verbliebenen Öl bei hoher Temperatur anbraten. Die Auberginen und Zucchini in den Topf mit den Zwiebeln geben, die in Stücke geschnittenen Paprikaschoten hinzufügen und das Ganze 5 Minuten unter ständigem Rühren mit einem Holzlöffel anbraten lassen. An diesem Punkt auch die in Stücke geschnittenen Tomaten, den gepressten Knoblauch und einige Blätter Basilikum hinzufügen. Salzen, mit gemahlenem Pfeffer abschmecken, zudecken und bei mittlerer Hitze ca. 2 Stunden lang kochen lassen, dabei von Zeit zu Zeit umrühren.

Zucchinigratin

1 Stunde ■ Schwierigkeitsgrad

Für 4 Personen: 4 große Zucchini, 3 Esslöffel gehackte Petersilie, 3 Esslöffel Paniermehl, kaltgepresstes Olivenöl, Salz, Pfeffer.

Die Zucchini säubern und waschen; der Länge nach hälfteln, mit Hilfe eines Teelöffels einen Teil des Fruchtfleischs auskratzen, grob zerhacken und mit dem Paniermehl, der Petersilie, 1 Esslöffel Öl, einer Prise Salz und Pfeffer in eine Schüssel geben und alle Zutaten vermischen. Das Innere der Zucchini salzen und mit der vorbereiteten Mischung füllen, die gefüllten Zucchinihälften in eine gefettete Form legen, mit dem verbliebenen Öl begießen und im bereits vorgeheizten Ofen 45 Minuten backen.

Rote Bete-Oliven-Salat

 10 Minuten ■ Schwierigkeitsgrad

Für 4 Personen: 2 gekochte rote Bete, 15 schwarze Oliven, 1 Selleriestange, 3 kleine Zwiebeln, 1 süße Chilischote, Estragon, Petersilie, Essig, kaltgepresstes Olivenöl, Salz, Pfeffer.

Die rote Bete, den Sellerie, die entkernten Oliven und Zwiebeln in grobe Stücke schneiden; die gehackte Chili und die Kräuter hinzufügen, mit Öl, Essig und Salz anmachen und servieren.

Weizensalat auf türkische Art

 10 Minuten ■ Schwierigkeitsgrad

Für 4 Personen: 400 g gekochter Weizen, 12 getrocknete Pflaumen, 12 schwarze Oliven, ¼ Paprikaschote, 2 Zwiebeln, ½ Zitrone, Essig, kaltgepresstes Olivenöl, Salz, Pfeffer.

Den Weizen, die in kleine Stücke geschnittenen Pflaumen, die entkernten Oliven und die gewürfelten Paprika in eine Salatschüssel geben. Die fein geschnittenen Zwiebeln, das Öl, den Zitronensaft, einige Tropfen Essig hinzufügen, salzen und pfeffern und vor dem Servieren gut vermischen.

Artischocken-Fenchel-Karotten-Salat

 20 Minuten ■ Schwierigkeitsgrad

Für 4 Personen: 3 Artischocken, 2 Knollen Fenchel, 3 Karotten, 1 Zitrone, kaltgepresstes Olivenöl, Salz, Pfeffer.

Das Gemüse putzen, waschen und in feine Streifen schneiden. Die Zitrone auspressen und den Saft mit dem Öl, Salz und Pfeffer gut mischen. Das Dressing über das Gemüse gießen, gut vermischen und servieren.

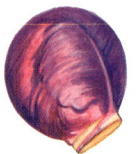

Kohlsalat mit Minze

 15 Minuten ■ Schwierigkeitsgrad

Für 4 Personen: 250 g Weißkohl, 1 Knoblauchzehe, 1 Handvoll frische Pfefferminze, ½ Zitrone, kaltgepresstes Olivenöl, Salz, Pfeffer.

Den Kohl waschen und in feine Streifen schneiden, dann das Salz im Zitronensaft auflösen. Die Pfefferminze in grobe Stücke reißen und zusammen mit dem Pfeffer zum gesalzenen Zitronensaft hinzufügen. Die Innenwände einer Salatschüssel mit Knoblauch einreiben, den Kohl hineingeben, mit dem Dressing abschmecken, durchmischen und servieren.

Chicoréesalat mit Sojasprossen

 15 Minuten ■ Schwierigkeitsgrad

Für 4 Personen: 200 g Chicorée, 200 g Sojasprossen, Apfelessig, kaltgepresstes Olivenöl, Salz.

Das Gemüse waschen und den Chicorée in feine Streifen schneiden. Das Salz in einer Schüssel im Essig auflösen, das Öl hinzufügen und vermischen. An diesem Punkt die Sojasprossen zum Chicorée geben, das Dressing darüber geben und vor dem Servieren gut durchmischen.

Apfel-Mandel-Salat

 10 Minuten ■ Schwierigkeitsgrad

Für 4 Personen: 12 Äpfel, 100 g Mandeln, 1 Zitrone, kaltgepresstes Olivenöl, Salz.

Die Äpfel in kleine Stücke schneiden, die Mandeln grob hacken und zu den Äpfeln geben, mit Zitronensaft, Öl und Salz abschmecken.

Oliven-Vollkornreis-Salat

 25 Minuten ■ Schwierigkeitsgrad

Für 4 Personen: 400 g Vollkornreis, 150 g schwarze Oliven, 150 g grüne Oliven, 2 Orangen, Kümmel, rote Chili, 2 Zitronen, Salz.

Den Reis 20 Minuten lang in gesalzenem, kochendem Wasser kochen, dann abgießen und abkühlen lassen. Die Oliven und die in Scheiben geschnittenen Orangen und Zitronen zum Reis dazugeben. Mit Chili, Salz und Kümmel anmachen.

Kartoffel-Petersilien-Salat

40 Minuten ■ Schwierigkeitsgrad

Für 4 Personen: 250 g Kartoffeln, 1 süße Zwiebel,
reichlich Petersilie, 2 Zitronen, Salz.

Die Kartoffeln kochen; wenn sie abgekühlt sind, in Würfel schneiden. Die gehackte Petersilie, die fein geschnittene Zwiebel und das in Stückchen geschnittene Fruchtfleisch einer Zitrone zu den Kartoffeln geben. Mit dem Saft der zweiten Zitrone und Salz abschmecken.

Quinoasalat mit Zitrone

25 Minuten ■ Schwierigkeitsgrad

Für 4 Personen: 250 g Quinoa, 2 Tassen gekochte Kichererbsen,
1 rote Zwiebel, eine Knoblauchzehe, 2 Zitronen, 2 Esslöffel Sojasauce,
500 ml Wasser, kaltgepresstes Olivenöl.

Die Quinoa unter reichlich laufendem Wasser abspülen und dann ca. 15 Minuten im Wasser kochen. In der Zwischenzeit das Dressing vorbereiten, dazu 2 Esslöffel Öl, den gehackten Knoblauch, die Sojasauce, den Saft der

Zitrone und ihre geriebene Schale vermischen. Die Quinoa, wenn sie gar ist, abgießen und mit kaltem Wasser abspülen. Das verbliebene Öl in einer Pfanne erhitzen, die Kichererbsen, die Quinoa und die in feine Ringe geschnittene rote Zwiebel dazugeben und das Ganze einige Minuten dünsten. Mit dem Zitronendressing anmachen und servieren.

Radicchio-Orangen-Salat

10 Minuten ■ Schwierigkeitsgrad

Für 4 Personen: 2 Köpfe Radicchio, 4 Orangen, kaltgepresstes Olivenöl, Salz, Pfeffer.

Die Orangen schälen, dabei das Weiße entfernen, und in Würfel schneiden, den Radicchio schneiden und zu den Orangen geben. Mit Öl, Salz und Pfeffer anmachen.

Reissalat

30 Minuten ■ Schwierigkeitsgrad

Für 4 Personen: 4 Tassen Reis, eine kleine Paprikaschote, 4 Radieschen, 1 Gurke, 100 g schwarze Oliven, 1 Esslöffel Kapern,

1 Zwiebel, eine Karotte, 2 Stangen Sellerie, 1 Handvoll Basilikum, kaltgepresstes Olivenöl, Salz, Pfeffer.

Den Reis 20 Minuten in reichlich Salzwasser kochen, dann abgießen und weitere 20 Minuten abkühlen lassen. In der Zwischenzeit das Gemüse waschen und in Würfel schneiden; in eine Schüssel geben und auch Kapern, Oliven und das gehackte Basilikum hinzufügen. Den Reis dazugeben, mit Öl und Salz anmachen und vor dem Servieren gut durchmischen.

Tunesischer Salat

10 Minuten ■ Schwierigkeitsgrad

Für 4 Personen: 2 Zwiebeln, 2 saure Äpfel, eine süße Paprikaschote, 3 Tomaten, 2 Gurken, frische Pfefferminze, 1 Zitrone, kaltgepresstes Olivenöl, Salz, Pfeffer.

Die Zwiebeln, Äpfel, Paprikaschote, Tomaten und Gurken in Würfel schneiden und in einem Gefäß vermischen. Mit dem Zitronensaft, dem Öl, Salz und der gehackten Minze anmachen.

Veilchensalat

10 Minuten ■ Schwierigkeitsgrad

Für 4 Personen: 250 g Kresse, 75 g Veilchenblüten, 1 Zitrone, kaltgepresstes Olivenöl, Salz, Pfeffer.

Die Kresse in Stückchen schneiden; in eine Salatschüssel geben und mit den Veilchenblüten bedecken. In einem Schüsselchen das Öl, den Zitronensaft, Salz und Pfeffer mischen; den Salat erst kurz vorm Servieren mit dem Dressing anmachen.

DESSERTS

Kandierte Orangen

🕐 30 Minuten ■ Schwierigkeitsgrad

6 Orangen, ca. 300 g Zucker.

Die Orangen waschen, schälen, das Weiße entfernen. Die Orangen in feine Streifen schneiden; in einen Behälter mit kaltem Wasser legen und 48 Stunden unter häufigem Wechseln des Wassers einweichen lassen. Nach Ablauf dieser Zeit die Schalen in einen Topf mit etwas kaltem Wasser geben, 20 Minuten kochen lassen, abgießen und dann abtrocknen.

Die Schalen wiegen und die gleiche Menge Zucker abmessen. Den Zucker mit etwas Wasser in einen Topf geben und bei geringer Wärmezufuhr auflösen; dem so erhaltenen Sirup die Orangenschalen hinzufügen und beides für einige Minuten vermischen, so dass die Schalen die Flüssigkeit gut aufnehmen. Den Topf vom Herd nehmen und die Schalen abkühlen lassen, indem man sie mit Abstand voneinander auf einem mit Backpapier belegtem Blech verteilt. Die so zubereiteten Schalen können in einem luftdicht verschlossenen Glasbehälter aufbewahrt werden.

Kekse

30 Minuten ■ Schwierigkeitsgrad

Für 4 Personen: 250 g Maizena, 50 g Puderzucker, 100 ml Sojamilch, 50 g pflanzliche Margarine, kaltgepresstes Olivenöl, Salz.

Das Maizena, die Margarine, den Puderzucker und eine Prise Salz in eine Schüssel geben und kneten. Die Sojamilch aufwärmen (ohne sie zum Kochen zu bringen) und zu den anderen Zutaten hinzufügen, noch einmal kneten, bis sich ein glatter, gleichmäßiger Teig ergibt. Den Teig ca. 2 cm dick ausrollen und mit Ausstechförmchen oder mit dem Messer Kekse formen.

Die Kekse auf ein mit Olivenöl eingefettetes und mit Mehl bestäubtes Blech legen und im auf 180°C vorgeheizten Ofen 10 Minuten backen.

Zitronenkekse

30 Minuten ■ Schwierigkeitsgrad

300 g Mehl vom Typ 1050, 3 Esslöffel Malz, 1 Esslöffel brauner Zucker, 1 Zitrone, Apfelsaft, 3 Esslöffel Maisöl, Salz.

Das Mehl, den Malz, Zucker, die Zitronenschale, eine Prise Salz und das Öl in einer Schüssel vermischen. Alle Zutaten unter Hinzufügen des Apfelsafts gut durchkneten, so dass ein weicher und elastischer Teig entsteht, ihn dann abgedeckt mit einem Tuch eine Stunde ruhen lassen. Nach Ablauf der für das Gehen notwendigen Zeit den Teig 2 cm dick ausrollen und die Kekse mit den gewünschten Formen ausstechen. In den auf 180°C vorgeheizten Ofen schieben und ca. 10 Minuten backen.

Reispudding

40 Minuten ■ Schwierigkeitsgrad

Für 4 Personen: 1 ½ Tassen Halbrohreis, ½ Tasse gehäutete und gehackte Mandeln, 4 Esslöffel Tahin, 4 Esslöffel Maismalz, natürliches Vanillepulver, Zitrone, Mehl aus geriebener Kokosnuss, 4 Tassen Wasser, Salz.

Tahin und Malz auf dem Herd erwärmen und nach und nach unter ständigem Rühren das Wasser hinzufügen. Wenn sich die Zutaten so miteinander vermischt haben, dass eine gleichmäßige Creme entstanden ist, die Mandeln, die Vanille und eine Prise Salz hinzufügen. Zum Kochen bringen, den Reis dazugeben und kochen lassen, bis die Reiskörner vollständig gegart sind. Gut mischen, in eine Puddingform geben und 4 Stunden zum Abkühlen in den Kühlschrank stellen. Vor dem Servieren mit dem Kokosnussmehl und einigen Streifen Zitronenschale garnieren.

Vegane Konditorcreme

 15 Minuten ■ Schwierigkeitsgrad

*Für 4 Personen: 50 g Sojamehl, 120 g Zucker,
1 Prise Agar-Agar, 1 Zitrone, 700 ml Sojamilch.*

Zucker und Mehl vermischen, nach und nach unter ständigem Rühren die Sojamilch dazugeben, um zu verhindern, dass sich Klumpen bilden. Unter fortwährendem Rühren das Agar-Agar und die Zitronenschale als Ganzes dazugeben. Die Mischung in einen kleinen Topf geben, auf kleiner Flamme 10 Minuten unter ständigem Rühren köcheln lassen. Die Zitronenschale herausnehmen und die Creme servieren.

Schokoladendessert

 25 Minuten ■ Schwierigkeitsgrad

*Für 4 Personen: 60 g herbes Kakaopulver, 70 g brauner Rohrzucker,
ca. 10 cm Agar-Agar Riegel, 1 Tüte Vanillin, 2 Esslöffel Rum,
450 ml Reismilch, 200 ml pflanzliche Sahne.*

Die Reismilch auf kleiner Flamme mit dem Agar-Agar in einem Topf kochen. Wenn die Milch kocht, die Kochtemperatur aufs Minimum senken und unter ständigem Rühren 5 Minuten köcheln lassen, dann der Mischung unter ständigem Rühren Zucker und Kakao beimischen, um so zu vermeiden, dass sich Klumpen bilden.

Den Topf vom Feuer nehmen, das Vanillin und den Rum unter ständigem Rühren dazugeben, dann die Mischung zum Abkühlen eine Stunde in den Kühlschrank stellen. Bevor man die Mischung aus dem Kühlschrank nimmt, die Sahne schlagen. Die Mischung aus dem Kühlschrank nehmen und mit einem Handquirl cremig schlagen, dann die geschlagene Sahne mit dem Quirl vorsichtig unterheben, damit die Sahne nicht zusammenfällt. Die Mischung in eine Puddingform geben und für 2 Stunden in den Kühlschrank stellen. Das Dessert vor dem Servieren aus dem Kühlschrank nehmen und auf eine Servierplatte stürzen (um diesen Vorgang zu erleichtern, empfiehlt es sich, die Form in warmes Wasser einzutauchen).

Hafermilchdessert

 20 Minuten ■ Schwierigkeitsgrad

Für 4 Personen: *3 Esslöffel Haferflocken, 3 Esslöffel grob gehackte Mandeln, 4 Esslöffel Ahornsirup, 3 Teelöffel*

Agar-Agar in Pulverform, ½ Teelöffel Vanillepulver, 1 Teelöffel Zimt, 100 ml Hafercreme, 400 ml ungesüßte Hafermilch, gehäutete Mandeln zum Dekorieren.

Das Agar-Agar in der kalten Hafermilch auflösen, den Rest der Zutaten zur Milch hinzufügen und unter ständigem Rühren für 5 Minuten zum Kochen bringen. Die Mischung in Förmchen füllen und zum Abkühlen 2 Stunden in den Kühlschrank stellen. Die Förmchen mit Mandeln garnieren und servieren.

Reisdessert mit Sultaninen

 30 Minuten ■ Schwierigkeitsgrad

50 g Reis, 2 Esslöffel Sultaninen, 1 Zitrone, 2 Esslöffel Apfelsaft, 500 ml Sojamilch, Salz.

Den Reis in der Sojamilch kochen, die zuvor eingeweichten Sultaninen, die geriebene Zitronenschale und eine Prise Salz hinzufügen. Den Reis kochen, bis er die Milch vollständig absorbiert hat, dann vom Herd nehmen und den Apfelsaft dazugeben, die Mischung in Portionsschälchen geben und vor dem Servieren zwei Stunden in den Kühlschrank stellen.

Haferflockentorte

 1 Stunde ■ Schwierigkeitsgrad

250 g Haferflocken, 1 Prise Vanillepulver, 2 Äpfel, 2 Esslöffel Rosinen, 1 Zitrone, 750 ml Apfelsaft, Salz.

Den Apfelsaft mit einer Prise Salz zum Kochen bringen, in der Zwischenzeit die Zitronenschale reiben. Wenn der Apfelsaft kocht, die Haferflocken hinzufügen und den Herd ausstellen. Umrühren und das Ganze 10 Minuten ruhen lassen (die Haferflocken müssen den Apfelsaft absorbieren). In der Zwischenzeit die Äpfel säubern und in kleine Würfel schneiden, dann das Ganze zusammen mit den Rosinen, der geriebenen Zitronenschale und der Vanille zu den Haferflocken geben. Den Teig in eine gefettete und bemehlte Ofenform geben und in den auf 180°C vorgeheizten Ofen schieben und ca. 45 Minuten backen.

Buchweizentorte

45 Minuten ■ Schwierigkeitsgrad

220 g Buchweizenmehl, 200 g Malz, 1 Päckchen Backpulver, 1 Teelöffel Natron, 1 Päckchen Vanillearoma, 1 Glas Marmelade, 500 ml Sojamilch, Salz.

Den Ofen auf 180°C vorheizen. Das Mehl, das Malz, die Vanille, eine Prise Salz und das Natron mischen; nach und nach die Milch hinzufügen; rühren, bis ein weicher Teig entsteht, zum Abschluss das Backpulver zum Teig hinzufügen. Eine Form einfetten, mit Mehl bestreuen, den Teig hineingeben und in den Ofen geben, 30 Minuten backen. Den Kuchen abkühlen lassen, halbieren und nach Belieben mit Marmelade füllen.

Karamellisierte Apfeltorte

1 Stunde ■ Schwierigkeitsgrad

1 kg Äpfel, 120 g Weizenmehl, 120 g Kartoffelstärke, 2 El. Wasser, 250 g Zucker, 1 Zitrone, ½ Glas Sojamilch, 1 Teelöffel Hefe.

Mehl, Stärke, Sojamilch, 100 g Zucker, Hefe und geriebene Zitronenschale in eine große Schüssel geben, alles durchkneten, bis man einen festen und homogenen Teig erhält, dann für 30 Minuten in den Kühlschrank stellen.

150 g Zucker mit 2 Esslöffeln Wasser in einer Pfanne karamellisieren, das Obst in Würfel schneiden und nach und nach zum Karamell geben. Vom Feuer nehmen, sobald der Zucker braun zu werden beginnt. Die karamellisierten Äpfel auf dem Boden einer Tortenform verteilen und den zuvor vorbereiteten und in den gewünschten Maßen ausgerollten Teig darüber decken.

Im auf 180°C vorgeheizten Ofen 45 Minuten backen und den Kuchen, wenn er abgekühlt ist, auf einen Servierteller stürzen und servieren.

Brottorte

1 Stunde ■ Schwierigkeitsgrad

300 g trockenes Brot, 200 g Rosinen, 20 g Walnüsse, 20 g Pinienkerne, Reismilch, 80 g pflanzliche Margarine.

Das Brot in Stücke reißen und für 3 Stunden in der Reismilch einlegen. Die Rosinen in etwas Wasser einweichen. Nach Ablauf der angegebenen Zeit das Brot mit den Händen durchkneten, die Rosinen, die Margarine und die gehackten Pinienkerne und Walnüsse dazugeben. Eine Form mit der pflanzlichen Margarine einfetten, den Teig hineingeben und im auf 180°C vorgeheizten Ofen 1 Stunde backen.

Tofutorte

50 Minuten ■ Schwierigkeitsgrad

Für den Teig: 200g Vollkornmehl, 1 Esslöffel Tahin, 2 Prisen Zimt,
½ Tasse Wasser, 2 Esslöffel Sesamöl, Salz.
Für die Füllung: : 300 g Tofu, 100 g Rosinen, Vanille, 1 Zitrone, Salz.

Mehl, Öl, Tahin, Zimt, Wasser und eine Prise Salz in eine Schüssel geben, alle Zutaten mischen, bis sich ein fester, elastischer Teig ergibt. Den Teig ausrollen und in eine eingefettete Tortenform legen, wobei die Ränder höher als 2 cm sein müssen. In den Teigboden mit einer Gabel Löcher stechen; die Torte im auf 180° C vorgeheizten Ofen 10 Minuten backen.
In der Zwischenzeit die Füllung vorbereiten: Den Tofu, die über Nacht eingeweichten Rosinen, eine Prise Salz, die geriebene Zitronenschale und die Vanille verrühren und pürieren. Wenn der Tortenboden aus dem Ofen geholt wird, die Füllung darauf verteilen, dann das Ganze zum Backen für weitere 25 Minuten in den Ofen schieben.

Brot

Saucen und Dressings

Antipasti

Erster Gang – Primi Piatti

Secondi Piatti
Vegane Hauptgerichte

Beilagen

Stevia
Das süße Blatt
Vom Garten auf den Tisch
Anbau – Ernte – Rezepte (inkl. Samentüte)

85 Seiten, durchgehend bebildert, Softcover, 155 x 230 mm,
ISBN 978-3-941557-18-5, **9,95 €**

Stevia, das Honigblatt aus den Hochebenen Paraguays, ermöglicht es, Süßes unbeschwert zu genießen und enthält zudem wichtige Mineralstoffe, Vitamine und Flavonoide, die Ihr Immunsystem stärken. Eine schmackhafte Alternative zu Zucker und künstlichen Süßstoffen. Mit Stevia können Diabetiker, Menschen mit Unterzucker-Problemen, Übergewichtige und alle, die auf ihre Gesundheit achten, auf ganz natürliche Weise süßen, ohne schlechtes Gewissen. Probieren Sie die vielfältigen Rezeptvorschläge. Die gesunde Süßalternative ohne Kalorien. Mit Samentüte, bestens geeignet für Allergiker und Diabetiker.

Weitere Titel:

Vegan rockt! Das Backbuch.

216 Seiten, Format: 17 x 24 cm, durchgehend
farbig bebildert
ISBN: 978-3-943883-29-9, **14,99 €**

Köstliche Kuchen, verlockende Torten und
leckere Plätzchen, ganz ohne Milchprodukte,
Honig, Eier oder andere tierische Zutaten!
Ob für Laktoseallergiker, Tierschützer oder
Menschen, die sich ethisch ernähren möchten:
Hier finden sich für jeden traumhafte vegane
Kreationen zum Nachbacken – ganz einfach
und unkompliziert. Das umfangreichste,
rockigste, bunteste vegane Backbuch derzeit
auf dem Markt!

Vegan rockt! Muffins und Cupcakes

208 Seiten, Format: 17 x 24 cm, durchgehend farbig bebildert
ISBN: 978-3-943883-21-3, **14,99 €**

Klein aber fein, Baby: In 150 unwiderstehlichen Rezepten laden
dich hier Cupcakes und Muffins zum Nachbacken ein! Wer glaubt,
dass verführerische Kreationen wie Holundercupcakes mit Him-
beerhaube oder Chocolate Chunk-Muffins für Menschen, die sich
vegan ernähren, unerreichbar sind, irrt gewaltig! Mit dieser großen
Rezeptsammlung kannst du unkompliziert und ganz ohne tierische
Zutaten raffinierte Cupcakes und saftige Muffins für jede Gelegenheit backen. Egal, ob dir der Sinn nach cremigen, fruchtigen oder
schokoladigen Naschereien steht: Mit diesen Köstlichkeiten rock
'n' rollst du jede Party und jeden Kaffeetisch!

Vegan rockt! Das Kochbuch

200 Seiten, Format: 17 x 24 cm, durchgehend
farbig bebildert
ISBN: 978-3-943883-55-8, **14,99 €**

Rockige Menüs zaubern, einen krossen Snack
für zwischendurch kreieren oder einen cremigen Nachtisch schlemmen – alles ganz vegan?
Aber klar! Mit dieser umfangreichsten Rezeptsammlung kannst du ganz einfach und ganz
ohne tierische Zutaten die coolsten, buntes-
ten, abwechslungsreichsten Gerichte für jede
Gelegenheit zaubern. Ob für Laktoseallergiker,
Tierschützer oder Menschen, die sich ethisch
ernähren möchten: Vom Apple-Almond-Delight
über Chili sin carne bis zur gefüllten Zucchini
mit Quinoa lädt dieses rockigste vegane Koch-
buch mit leckeren, gesunden Köstlichkeiten
zum Nachkochen ein!